Tischlein deck dich, meisterlich

...und der älteste war zu einem Schreiner in die Lehre gegangen, da lernte er fleißig und unverdrossen, und als seine Zeit herum war, dass er wandern sollte, schenkte ihm der Meister ein Tischlein, das gar kein besonderes Ansehen hatte und von gewöhnlichem Holz war; aber es hatte eine gute Eigenschaft. Wenn man es hinstellte und sprach: „Tischlein, deck' dich!" so war das gute Tischlein auf einmal mit einem sauberen Tüchlein bedeckt und stand da ein Teller und Messer und Gabel daneben und Schüsseln mit Gesottenem und Gebratenem und ein großes Glas mit rotem Wein leuchtete, dass einem das Herz lachte. Der junge Gesell dachte: „Damit hast du genug für dein Lebtag", zog guter Dinge in die Welt und kümmerte sich gar nicht darum, ob ein Wirtshaus gut oder schlecht, oder ob etwas darin zu finden war oder nicht. Wenn es ihm gefiel, nahm er sein Tischlein vom Rücken, stellte es vor sich und sprach: „Tischlein, deck' dich!"
Und alles war da, was sein Herz begehrte...

Doria Maria Pfob, geboren 1968 in Graz, studierte Wirtschaftscoaching und Training.
Schon als Tourismusmanagerin und Trainerin war sie ständig auf der Jagd nach Erfolgsstrategien und außergewöhnlichen Menschen.
In ihren Publikationen durchleuchtet und analysiert sie relevante wissenswerte Elemente außergewöhnlicher Leistungen von nachweislich erfolgreichen Menschen und bereitet diese Ergebnisse leicht verständlich für Wissbegierige auf.

www.doria.at

Satz Grafik Layout BATHOUSE concepts
Cover BATHOUSE concepts
Druck und Bindung Druckerei Theiss

Erste Auflage 2009

ISBN 978-3-200-01521-0

Printed in Austria

Tischlein deck dich, meisterlich

Erfolgsstrategien genialer Köche

Wer will schon ein Kochbuch sein?

Ich sage Danke

unseren 17 Köchen.
Ohne deren Teilnahme an der Studie wäre dieses Buch nicht möglich gewesen.
Meine Gespräche mit ihnen waren eine fantastische Reise hinter die Kulissen interessanter Persönlichkeiten und exzellenter Kochkunst.

meiner Familie
und meinen Freunden für ihre unendliche Geduld und Inspiration.
Und für ihre Ermutigungen.

Doria Maria Pfob

Vorwort

Wir alle haben schon zahlreiche Kochbücher in Händen gehalten. Umso mehr freut es mich zu sehen, wie die Autorin es schaffte, unser Handwerk auf eine komplett neue Art und Weise in leicht zugänglicher Form darzustellen.

Als Doria Pfob an mich herantrat und mir von ihrem Vorhaben erzählte, war ich neugierig und ahnungslos zugleich. Dann, als ich das Buch zu lesen bekam, übertraf es alle meine Erwartungen und Vorstellungen.
Es nimmt Abstand von Erklärungen über Kochtechniken und zeigt auf, was Kochtalent ausmacht. Zusätzlich wird der Leser eingeladen, mehr über sein eigenes Kochverhalten zu erfahren.

Dieses Buch ist nicht nur eine Hommage an die österreichische Spitzengastronomie, sondern vor allem eine unkonventionelle Pflichtlektüre für alle, die ihre Fähigkeiten in der Küche perfektionieren möchten.

Ein Buch, das durch Kreativität und Innovation besticht.

Ich wünsche den Lesern viele kulinarische Erkenntnisse.

Ihr Heinz Reitbauer

Inhalt

Einleitung

Das, was wird, wird teils von Natur, teils durch Kunst, teils von selbst.
Und zwar wird es alles durch etwas und aus etwas und zu etwas.
(Aristoteles)

Paul Bocuse & Co

Wo stünden wir heute ohne all diese brillanten Köche, die in der Vergangenheit Kochstile prägten, die noch heute zum Einsatz kommen und die auch in Zukunft richtungsweisend sein werden?

Paul Bocuse ist der wohl bekannteste Koch dieses Jahrhunderts. Er wurde 1926 bei Lyon in Frankreich geboren und hat die Nouvelle Cuisine geprägt. Dieser Kochstil bewegt sich weg von der bürgerlichen einfachen Küche. Das Erhalten des Eigengeschmacks des Produktes, wenig Fett, viele Kräuter und eine kunstvolle Präsentation des Gerichtes stehen im Vordergrund. Paul Bocuse betreibt mittlerweile sieben Restaurants in Frankreich und ist Autor zahlreicher Kochbücher. Seine ca. 40 „3 Sterne Michelin" Auszeichnungen in Folge sprechen für sich. Für viele Kochbegeisterte ist Paul Bocuse ein Vorbild, Lehrer und Idol. Sie pilgern zu seinen Restaurants, um zu genießen und vielleicht zu verstehen, was diesen Koch so besonders macht.

Schon vor Bocuse revolutionierte Auguste Escoffier die französische Küche. Er lebte von 1846 bis 1935 in Frankreich und beeinflusste die französische Haute Cuisine. Diese Kochrichtung strebte ursprünglich das Beste vom Besten an. Sie ist heute eine erstklassige, detailorientierte und improvisierende Küche mit extrem hohem Anspruch. Escoffiers Werke gelten nach wie vor als Grundlage der Kochkunst des 20. Jahrhunderts.

Wenn wir in der Kochgeschichte noch weiter zurückgehen, stoßen wir auf das wahrscheinlich älteste erhaltene Kochbuch mit dem Titel „De re coquinaria" (Über die Kochkunst) des römischen Koches Marcus Gavius Apicius aus dem 1. Jahrhundert n.Chr.

Und die Zukunft? Durch Adrià Ferran wurde die Molekularküche bekannt, die das 21. Jahrhundert mitprägen wird. Er lebt in Spanien und betreibt das „El Bulli" an der Costa Brava. Durch die Anwendung biochemischer und physikalisch-chemischer Prozesse in der Zubereitung von Speisen entstehen Gerichte mit völlig neuen Eigenschaften. In der Molekularküche geht es vorrangig um das veränderte Verhalten von Lebensmitteln durch den Einfluss von Temperatur, mechanischer Einwirkung und Zusatzstoffen.

Doch das Glück liegt uns so nah!

Wir müssen weder nach Frankreich, noch ins erste Jahrhundert oder nach Spanien reisen, um in den Genuss besonderer kulinarischer Erlebnisse zu kommen.

Denn Österreich hat's selbst.

Virtuose Köche lassen uns hier seit Jahren an gehobener Kochkunst teilhaben.

Behutsam und doch konsequent führen sie uns an ihre Kochphilosophien heran und lassen uns ihren hohen Qualitätsanspruch erahnen. Sie verführen uns in eine Welt voller Geschmacksexplosionen und fantastischer Kreationen.

Einmal in den Bann der Kulinarik gezogen, genießen wir alle möglichen Kocherlebnisse sowohl zu Hause als auch im Restaurant.
All dies zur Verfolgung eines einzigen Zieles.
Der Vermehrung kulinarischer Glücksmomente!

Wie alles begann

In den letzten Jahren ließ sich ein Kochboom beobachten, der sich in der großen Anzahl neuer Spitzenrestaurants, zahlreicher unterschiedlicher Kochsendungen, Artikel in verschiedensten Publikationen und Kochevents bemerkbar macht.

Immer mehr Köche veranstalten Kochkurse und die neuen „jungen Wilden" regen zum Selberkochen an. Zahlreiche Kochbücher und Autobiografien erfolgreicher Köche sind am Markt erschienen und haben das Wissen von Laien und Profiköchen bereichert. Obwohl diese verschiedensten Ausbildungen und Kochbücher gut aufbereitet sind und uns das Kochen lehren, verwundern uns dennoch immer wieder enorme Qualitätsunterschiede sowohl in Restaurants, als auch zu Hause.

Gelingt uns ein Gericht einmal nicht so, wie wir es uns vorstellen, machen sich Frust und Demotivation breit. Dann kann es auch passieren, dass wir Kochbüchern und -kursen die Schuld in die Schuhe schieben. Aber seien wir doch ehrlich. Weder Frust noch Schuldzuweisungen tragen zur Verbesserung unserer Kochkünste bei.

Fortan beschäftigte mich der Gedanke, zu welchem Ergebnis und zu welchen Erkenntnissen ich käme, würde ich die Fähigkeiten von Spitzenköchen in Österreich untersuchen und studieren. Könnten diese Erkenntnisse Köche und Kochbegeisterte aller Art in ihrer kulinarischen Weiterentwicklung unterstützen?

Bereits seit Jahren befasse ich mich mit Modeling. Es handelt sich dabei um das Lernen von den Besten, einer Methode, die im Sport häufig Einsatz findet. Es geht um das Ab- und Nachbilden exzellenter Fähigkeiten. Untersucht man dabei mehrere erfolgreiche Personen im selben Kontext, erhöht sich die Wahrscheinlichkeit, die „richtigen" Schlüsselelemente herauszufinden. Erfolgreiche Elemente exzellenter Personen werden analysiert und in eine erlernbare Struktur gebracht. Dies ist eine sehr effektive Methode, da hier Fähigkeiten erforscht werden, die praxiserprobt und erfolgreich sind.

Ich war davon überzeugt, dass mit dieser Methode die Fähigkeiten der besten Köche Österreichs transparenter werden. Um sicherzugehen, die richtigen Schlüsselkomponenten zu untersuchen, war es wichtig, Modelle mit nachweisbarem Erfolg zu studieren.

Auf meiner Jagd nach guten Köchen stolperte ich über die mir sehr vertrauten Gastronomieguides Österreichs. Ich weiß, die Inhalte und Bewertungen sogenannter Restaurantführer werden geliebt und gehasst zugleich. Gehen die einen mit den Ergebnissen völlig konform, stimmen die anderen dem Geschriebenen gar nicht zu. Für mich sind die Bewertungen der Guides fachmännische Beurteilungen anhand vordefinierter Richtlinien. Sie geben uns Lesern eine gute Orientierungshilfe. Danach können wir die Restaurants selbst testen und uns unsere eigene Meinung bilden.

Diese Gastronomieführer waren die ideale Grundlage, um exzellente Köche auszuwählen. Als Basis fungierten die jeweiligen Topköche aus Gault Millau, Michelin, Falstaff und À la carte.

Folgende 17 Spitzenköche aus Österreich ließen mich hinter ihre Kulissen blicken. Die einzelnen Köche faszinierten mich durch ihre eigenständige Persönlichkeit. Und doch waren nach kürzester Zeit bedeutende Gemeinsamkeiten erkennbar, die sich fortan in allen Gesprächen wiederholten.

Jürgen Benker	Tannheimer Stube Tannheim
Richard Brunnauer	Riedenburg Salzburg Stadt
Didi Dorner	Landhaus Stainach Stainach
Andreas Döllerer	Döllerer Golling
Walter Eselböck	Taubenkobel Schützen am Gebirge
Klaus Fleischhaker	Pfefferschiff Hallwang bei Salzburg
Gerhard Fuchs	Kreuzwirt Leutschach
Heinz Hanner	Hanner Mayerling
Andreas Kaiblinger	Esszimmer Salzburg Stadt
Silvio Nickol	Schlossstern Velden am Wörthersee
Karl und Rudolf Obauer	Obauer Werfen
Thorsten Probost	Griggeler Stuba Lech am Arlberg
Erich Pucher	Lercher's Panorama Murau
Heinz Reitbauer	Steirereck im Stadtpark Wien
Lisl Wagner-Bacher	Landhaus Bacher Mautern
Thomas M. Walkensteiner	Hotel Schloss Fuschl Hof bei Salzburg

Das Ergebnis - ein Buch

Das Buch, das Sie in Händen halten, ist in seiner Form neu und einzigartig. Es zeigt erstmals auf, welche Fähigkeiten und besonderen Merkmale neben Kochtechniken noch Einfluss auf den Erfolg der besten Köche haben.

In diesem Buch finden Sie

viele Möglichkeiten zur Weiterentwicklung, die Ihren Kocherfolg positiv beeinflussen.

Sie erfahren, mit welchen förderlichen Schlüsselelementen Spitzenköche interagieren. Zu den wichtigsten zählen Verhaltensmuster sowie entwickelte Fähigkeiten. Diese Elemente steuern Motivation, Interessen, Arbeitsstile, Aktivitäten und Abläufe.
Anhand eines Tests können auch Sie Ihre eigenen Schlüsselelemente feststellen.

Sie lernen, warum klare Vorstellungen von Bedeutung sind. Und warum diese zur besseren Orientierung in Ihrem gesamten Kochumfeld beitragen.

Zusätzlich erfahren Sie alle wichtigen Faktoren, die Kochprozesse optimieren und vollendete, perfekte Gerichte entstehen lassen.

Sie werden Kochbücher und deren Rezepte noch besser verstehen und öfter das Ergebnis erzielen, das Sie sich wünschen.

Am Ende des Buches finden Sie fantastische Kochrezepte unserer Topköche aus ganz Österreich. Hier lernen Sie verschiedene Kochstile kennen und können Ihr neues Wissen einsetzen.
Sie entdecken, was sich in Ihrem Kochverhalten verändert hat.

Was Sie hier nicht finden

Wissen über Kochtechniken, Produkte, Hygiene, Lagerung, usw.
Denn profundes Know-how über diese Bereiche bringen zahlreiche Experten für Sie laufend zu Papier.

Leseleitfaden

Betrachten Sie dieses Buch als Möglichkeit und Chance, Ihre Kochfähigkeiten zu erforschen oder weiter zu vertiefen. Ich empfehle Ihnen, das Buch Kapitel für Kapitel von vorne nach hinten zu lesen. Später können Sie jederzeit auf das eine oder andere Thema zurückgreifen. Während Sie das Buch lesen, legen Sie Ihren Fokus vor allem auf die Unterschiede, die zwischen dem Geschriebenen und Ihrem vorhandenen Wissen bestehen. Machen Sie sich zu jedem einzelnen Kapitel Ihre eigenen Gedanken. Bekommen Sie ein Gefühl dafür, wie Sie die einzelnen Punkte für sich nutzen werden. Bei den Übungen werden Sie rasch erkennen, wie die einzelnen Elemente bei Ihnen wirken. Lernen Sie aus diesen Erkenntnissen! Wenn Sie sich mit den einzelnen Punkten beschäftigen, achten Sie trotzdem darauf, den Überblick und die Zusammenhänge nicht aus den Augen zu verlieren. Setzen Sie das neue Wissen in der Praxis um.

Das Buch ist in folgende Teile gegliedert

Theoretische Teile
Tests zur Selbstauswertung
Übungen
Rezepte

Die Erkenntnisse, die Sie aus den vereinten Merkmalen von Gemeinsamkeiten und Differenzen der 17 Topköche in diesem Buch gewinnen, werden Ihre Kochfertigkeiten enorm verbessern. Die Entscheidung, diese Elemente zu nutzen und umzusetzen, bleibt natürlich bei jedem Einzelnen selbst.

Und nun geht's los!
Marschieren Sie geradewegs in den Kreis der Meisterköche.

Ein kleiner Vorgeschmack

Auszüge aus den Interviews mit den Köchen

Ich horche in meinen Körper hinein und stelle mich täglich neuen Aufgaben. / Karl Obauer

Überzeugung mit allen Hindernissen und Schwierigkeiten. / Rudolf Obauer

Ich bin nie müde geworden, meinen Qualitätsanspruch an mich zu erhöhen. / Lisl Wagner-Bacher

Die Kulinarik wertfrei betrachten und daraus gestalten. / Walter Eselböck

Unsere wichtigsten Ressourcen sind unsere Mitarbeiter und Lieferanten. Alles andere können wir kaufen. / Heinz Reitbauer

Kreativität, Experimentierfreudigkeit und der Mut, sich ständig auf etwas Neues einzulassen. /Heinz Hanner

Kräuter sind wesentlich, sie bescheren uns Geschmackserlebnisse. / Thorsten Probost

Das richtige Fingerspitzengefühl, um die richtigen Aromen miteinander zu kreuzen. / Thomas Walkensteiner

Die klassische Küche zu beherrschen, darin liegt die Basis, zu wissen, was und warum etwas funktioniert. / Gerhard Fuchs

Disziplin, Spaß am Kochen und engagierte Leute, die Freude an der Arbeit haben. / Klaus Fleischhaker

Demut und Respekt vor den Lebensmitteln sind wichtige Ressourcen. / Didi Dorner

Ich halte mich für geschmackssicher, schaue über die Grenzen und denke international. / Andreas Döllerer

Ehrgeiz, Fleiß, Willenskraft und ein positives Umfeld. Ich habe früh gemerkt, dass mir Kochen Spaß macht. / Andreas Kaiblinger

Ich mache den Job gerne und ich bereite Menschen gerne eine schöne Zeit. / Richard Brunnauer

Das Wissen, das ich mir angeeignet habe und meine Zielstrebigkeit, nicht vom Weg abzukommen, sind meine Stärken. / Silvio Nickol

Neue Ideen haben und sich stetig weiterentwickeln, so profitiert jeder davon. / Jürgen Benker

Ich bin ein Gefühlskoch und könnte Tag und Nacht kochen. / Erich Pucher

Kulinarisches Abenteuer für Jederkoch

Es ist noch kein Meister vom Himmel gefallen.

Aus dem Leben gegriffen

Stellen wir uns einen jungen Mann namens Oliver und eine junge Frau namens Sarah vor. Beide stehen in ihrer Küche, den Blick durch das Fenster auf die grünen Hügel gerichtet. Hinter ihnen auf einem dunkelbraunen, großen Tisch liegen zahlreiche Rezepte, die darauf warten, in die Tat umgesetzt zu werden. Sarah und Oliver erwarten am Abend Gäste. Freunde aus Wien haben sich angekündigt. Die beiden haben sich vorgenommen, ihre Freunde einmal so richtig kulinarisch zu verwöhnen. Es soll die reinste Gaumenfreude für alle werden.
Noch vor einer Woche, als ihnen die Idee dazu kam, waren Sarah und Oliver ausgesprochen motiviert. Aber nun, zwischen all den Töpfen, Pfannen und anderen Kochutensilien bekommen sie Zweifel, ob das Essen so gelingen wird, wie sie es sich ausgemalt hatten. Sie fänden es fantastisch, wenn ihre Gäste sie als gute Köche und Gastgeber kennenlernten. Nicht dass sie sich wieder blamieren, wie einst bei ihren Nachbarn. Aber das ist eine andere Geschichte.
Es gibt viele Gerichte, wie Wienerschnitzel oder Bratäpfel, die den beiden sensationell gelingen. Aber so etwas „Einfaches" soll es diesmal nicht sein. Und wieder fährt Sarah dieser Gedanke durch den Kopf, dieser Wunsch, Köchin zu sein.
Sie geht zum Tisch, setzt sich seufzend nieder und beim Gedanken, neue Gerichte auszuprobieren, beschleicht sie ein unangenehmes Gefühl in der Magengegend. Wie dankbar wäre sie jetzt, würde schon alles fertig sein. Alles, was bis zum Abend schiefgehen könnte, kommt ihr nun in den Sinn und sie kann nicht mehr aufhören, sich Sorgen über ein mögliches Misslingen zu machen.
„Ich werde nie so gut kochen können wie meine Mutter", schießt es ihr nun durch den Kopf. Aber dann reißt sich Sarah am Riemen. Gemeinsam mit Oliver erstellt sie ein Menü mit sechs wohl überlegten Gängen aus den besten Kochbüchern. Dann wird die Einkaufsliste geschrieben und beide machen sich vergnügt auf den Weg Richtung Bauernmarkt.

„Wie einladend dieser Markt wirkt", denkt Sarah, während sie an einem Blumenstand Halt macht und von der Farbenpracht und Vielfalt der Pflanzen überwältigt ist. „Die Tischdekoration!", ruft sie fast vorwurfsvoll zu Oliver und schlägt sich mit der Hand gegen die Stirn. „Die kaufen wir gleich hier", entgegnet dieser bestimmend. Auf dem Rückweg ist wieder die Sonne hinter den Wolken hervorgekommen und Oliver und Sarah genießen die Einkaufstour mit ihren Fahrrädern.

Zuhause angekommen, machen sie sich sogleich an die Arbeit.
Oliver ist mit seinen Gedanken aber mehr im Büro, als hier in der Küche. Gestern hat sein Kollege dumme Bemerkungen über sein Projekt gemacht. Das ärgert Oliver heute noch. In diesem Moment versalzt er auch noch das fein säuberlich geschnittene Gemüse. Er wundert sich, dass ihm ausgerechnet heute so viele Fehler passieren. Sarah ist ganz ungeduldig. Der Fisch, den sie bestellt hatte, ist noch immer nicht da. Wie oft hat sie Herrn Müller angekündigt, nichts mehr bei ihm zu bestellen, wenn er die Ware nicht pünktlich liefert!
„Meiner Freundin Susanne passiert das nie, wie macht sie das bloß?", denkt sie wütend. Aber egal, vor ihr liegen Marillen aus Spanien und Himbeeren vom Bauernmarkt für die Nachspeise. „Hast du schon jemals darüber nachgedacht, was dir beim Kochen wichtig ist?", fragt sie Oliver. Zum ersten Mal wird ihr bewusst, dass sie sich noch nie so richtig Gedanken über die Qualität und Herkunft der Produkte gemacht hat. „Eigentlich traurig", denkt sie.
Oliver befindet sich zunehmend im Stress. Er kämpft gegen die Zeit, die schneller vergeht, als ihm lieb ist. Als er das Backrohr aufmacht, um den Braten herauszunehmen, durchströmt ein fantastischer Geruch seine Nase und sein Appetit nimmt sogleich zu. Dann die totale Ernüchterung! Das Fleisch war eindeutig zu lange im Backrohr. Vorbei ist's mit zartrosa!
Wut steigt in ihm hoch und am liebsten würde er alles hinschmeißen. Himmel noch mal, warum passiert das gerade mir? Und warum sieht das Endergebnis nie so aus wie im Kochbuch? Sarah sieht auch nicht glücklicher aus.
Die Kombination, die sie sich ausgedacht hat, war im Kopf besser als jetzt am Gaumen.
Ein wiederholtes Läuten an der Tür lässt sie zusammenzucken.
Die Gäste sind da.

Wir alle können uns in dem einen oder anderen missglückten Punkt in dieser Geschichte wiederfinden.
Egal ob Hobby- oder Profikoch. Aber wie erfolgreich wären wir beim Kochen, könnten wir dem einen oder anderen Hoppala ein Schnippchen schlagen?
Manche haben es uns schon vorgemacht.
Machen wir es ihnen nach.

Königsdisziplinen, die Mehrwert schaffen

Es sind nicht die Umstände, die den Menschen schaffen.
Der Mensch ist es, der die Umstände schafft.
(Benjamin Disraeli)

Die sinnvolle Nutzung unserer Wahrnehmung

Unsere Erfahrungen haben Einfluss auf unser Handeln.
Dass Sarah und Oliver sich so verhalten, ist nichts Außergewöhnliches. Ein gelungenes Gericht hängt nicht nur von erlernten Kochtechniken ab, sondern auch von den Einstellungen zu sich selbst und zum Kochen. Erfahrungen, Begegnungen mit anderen Menschen und unsere Erziehung beeinflussen ebenso unser Handeln in der Küche.
In unserem Leben haben sich daraus gewisse Verhaltensmuster gebildet. Diese Muster bestimmen unsere Wahrnehmung und den Umgang mit verschiedenen Situationen. Sie beeinflussen unser Lernverhalten und sämtliche Prozesse der Weiterentwicklung.

Diese Verhaltensmuster bezeichnen wir in weiterer Folge als „Filter".

Schauen wir uns dazu bestimmte Reaktionen mehrerer Personen in diversen Situationen genauer an.

Richtig oder falsch?

„Jeder kann kochen.", sagt ein junger Mann in einer Runde von sechs Köchen. Koch 1 denkt nach und stimmt dem zu. Koch 2 platzt heraus, dass er diese Aussage für einen absoluten Blödsinn hält. Koch 3 fragt, was er damit im Detail meint, erst dann könne man eine Antwort finden. Koch 4 wendet sich an Koch 5, um diese Aussage mit ihm zu diskutieren.

Wer reagiert nun richtig? Ja, jetzt ertappen Sie sich vielleicht dabei, dem einen oder anderen Recht zu geben. Das müssen Sie aber nicht, denn jeder handelt richtig, da die Information „Jeder kann kochen." durch die persönlichen Filter (Verhaltensmuster) dieser Köche gelaufen ist. Der eine überlegt zuerst, bevor er seine Meinung äußert, während der andere prompt reagiert, indem er sofort antwortet. Manche benötigen zusätzliche Informationen, andere wiederum sind auf die Meinung Dritter angewiesen. Die Art und Weise, wie die Köche reagiert haben, liefert viele wichtige Hintergrundinformationen.

Durch eine genaue Beobachtung ihrer Reaktionen lassen uns die Köche ihre Filter (Verhaltensmuster) erkennen. Wir erahnen, wie sie sich in ähnlichen Situationen verhalten werden.
Koch 1 wird zuerst nachdenken und dann reagieren (reflektiv).
Koch 2 wird bei Diskussionen eher schnell reagieren (proaktiv).
Koch 3 wird mehr Details brauchen (detailliert).
Koch 4 wird die Meinungen anderer einbeziehen (externe Referenz).

Es geht bei diesen Verhaltensmustern niemals um „richtig" oder „falsch". Viel überlegenswerter dabei ist, ob ein bestimmtes Verhalten in der jeweiligen Situation förderlich oder hinderlich ist.

Ein Beispiel

Jungkoch 1 bevorzugt kurze und bündige Informationen.
Jungkoch 2 schweift in seinen Erklärungen aus.
Was wird passieren? Die beiden werden sich gegenseitig auf die Nerven gehen.
Jungkoch 3 ist detailverliebt. Was passiert? Er wird die Tätigkeit zwar gut ausführen, aber Zusammenhänge nicht rasch genug erkennen und den Überblick verlieren. Das führt zu Chaos in der Küche.

Mehr Wahlmöglichkeiten schaffen

Wird man sich der zahlreichen Filter, die zu bestimmten Verhaltensformen führen, bewusst, versteht man auch Situationen besser. Es entstehen mehr Sichtweisen und in Folge mehr Handlungsmöglichkeiten. Auch unsere 17 exzellenten Köche agieren in ihrer Kochwelt unter dem Einfluss bestimmter Filter. Also Verhaltensmuster, die zu ihrem Erfolg beitragen. Die dominierenden Filter bzw. Verhaltensmuster unserer Köche erfahren Sie später in diesem Buch.
Doch zunächst geht es um das eigene Verhalten. Versteht man dieses, hört man auf, Unmögliches von sich zu erwarten. Und man kann beginnen, sein Kochverhalten zu perfektionieren. Das Gute daran ist, dass Filter und Verhaltensmuster veränderbar sind.

Lust auf Spurensuche?

Nun haben Sie die Möglichkeit, in einem Test Ihre eigenen Filter herauszufinden. Die anschließende Erläuterung der Filter gibt Ihnen Aufschluss über Ihre Motivation, Ihre Handlungen, Ihr Interesse, Ihren Arbeitsstil usw. Haben Sie einmal Ihre Filter erkannt, ist der Weg frei für Ihr neues Kochverhalten.

Der Filtertest zu Ihrem Kochverhalten

Nehmen Sie sich für den Fragebogen zirka 10 Minuten Zeit. Machen Sie den Test alleine. Gehen Sie die Fragen zügig durch. Kreuzen Sie die zutreffenden Antworten auf der Skala von 0 – 8 an.
0 bedeutet, diese Aussage trifft auf mich gar nicht zu.
8 bedeutet, diese Aussage trifft auf mich voll und ganz zu.
Aber Achtung: Seien Sie ehrlich zu sich selbst. Wunschvorstellungen vermeiden.

1. Ich erlerne Dinge am besten, indem ich sie selbst ausprobiere.
0 1 2 3 4 5 6 7 8

2. Ich verlasse mich beim Kochen auf meine Erfahrungen und mein Gefühl.
0 1 2 3 4 5 6 7 8

3. Dass ich gut kochen kann, sagt mir mein Gefühl.
0 1 2 3 4 5 6 7 8

4. Ich verlasse mich auf Grundsätze, Prinzipien und Logik.
0 1 2 3 4 5 6 7 8

5. Der Ablauf beim Kochen ist bei mir jedesmal anders.
0 1 2 3 4 5 6 7 8

6. Wenn mir etwas misslingt, kann ich daraus etwas lernen.
0 1 2 3 4 5 6 7 8

7. Beim Kochen versuche ich prinzipiell, Fehler zu vermeiden.
0 1 2 3 4 5 6 7 8

8. Beim Kochen freue ich mich auf jedes neue Gericht.
0 1 2 3 4 5 6 7 8

9. Beim Kochen gehe ich gerne nach einem exakten Ablaufplan vor.

0 1 2 3 4 5 6 7 8

10. Wenn ich koche, habe ich gerne einen Überblick über das, was ich tue.

0 1 2 3 4 5 6 7 8

11. Ideen setze ich gerne sofort in die Tat um.

0 1 2 3 4 5 6 7 8

12. Kochen ist etwas Spontanes. Ich mache die Dinge so, wie sie kommen.

0 1 2 3 4 5 6 7 8

13. Beim Kochen interessieren mich alle Details und Informationen.

0 1 2 3 4 5 6 7 8

14. Meine Kochkenntnisse erweitere ich durch Kochbücher oder Konzepte.

0 1 2 3 4 5 6 7 8

15. Ich denke zuerst über eine Idee nach, bevor ich sie in die Tat umsetze.

0 1 2 3 4 5 6 7 8

16. Wenn ich Fehler mache, muss ich unbedingt eine Lösung finden.

0 1 2 3 4 5 6 7 8

17. Der Kochprozess ist bei mir immer derselbe.

0 1 2 3 4 5 6 7 8

18. Ob ich ein guter Koch bin, erfahre ich durch Rückmeldungen.

0 1 2 3 4 5 6 7 8

So werten Sie aus

Frage 1 bedeutet: Praxis
Frage 2 bedeutet: Fühlen
Frage 3 bedeutet: Interne Referenz
Frage 4 bedeutet: Denken
Frage 5 bedeutet: Unterschied
Frage 6 bedeutet: Möglichkeit
Frage 7 bedeutet: Von etwas wegbewegen
Frage 8 bedeutet: Auf etwas hinbewegen
Frage 9 bedeutet: Prozedur
Frage 10 bedeutet: Global
Frage 11 bedeutet: Proaktiv
Frage 12 bedeutet: Option
Frage 13 bedeutet: Detailliert
Frage 14 bedeutet: Theorie
Frage 15 bedeutet: Reflektiv
Frage 16 bedeutet: Notwendigkeit
Frage 17 bedeutet: Ähnlichkeit
Frage 18 bedeutet: Externe Referenz

Ein Beispiel:

1.

Ich erlerne Dinge am besten, indem ich sie selbst ausprobiere.

0 1 2 3 4 5 6 7 X

In diesem Beispiel wurde auf der Skala die Position 8 angekreuzt.

Auswertung:
Die 1. Frage bedeutet *Praxis* und ist in diesem Fall besonders hoch ausgeprägt.

Für einen guten Überblick

Tragen Sie hier Ihre Ergebnisse von Seite 19 und 20 ein. Diese zeigen Ihr derzeitiges Kochverhalten auf. Die Auswirkungen der Filter finden Sie ab Seite 23.

1.		Praxis
2.		Fühlen
3.		Interne Referenz
4.		Denken
5.		Unterschied
6.		Möglichkeit
7.		Von etwas wegbewegen
8.		Auf etwas hinbewegen
9.		Prozedur
10.		Global
11.		Proaktiv
12.		Option
13.		Detailliert
14.		Theorie
15.		Reflektiv
16.		Notwendigkeit
17.		Ähnlichkeit
18.		Externe Referenz

Die Auswirkungen der Filter

Im folgenden Abschnitt werden die einzelnen Filter und ihre möglichen Auswirkungen beschrieben. Ihre eigenen Testergebnisse zeigen, welches Verhalten derzeit beim Kochen auf Sie zutrifft. Kommen Sie jetzt Ihren eigenen, meist versteckten Verhaltensmustern auf die Spur.
Die Filter, die gegensätzliche Muster zeigen, sind in die Rubriken Aufmerksamkeit, Motivation, Handlungen und Lernverhalten unterteilt.

Als Erstes: Die Aufmerksamkeit

Unterschied - Ähnlichkeit

Hier geht es um Vergleiche. Sieht man in den Dingen Ähnlichkeiten oder Unterschiede?
Unterschied: Diese Menschen suchen nach Unterschieden. Sie erkennen, was nicht übereinstimmt. Dieser Typ kann Routine schlecht tolerieren. Er liebt die Abwechslung und erkennt schnell Schwierigkeiten und Ungereimtheiten. Es handelt sich um flexible Menschen.
Ähnlichkeit: Diese Menschen suchen nach Gemeinsamkeiten. Sie vergleichen Situationen miteinander und erkennen, was sich ähnelt. Sie haben ein Bedürfnis nach Regelmäßigkeit und verstehen den Drang nach Veränderung nicht. Sie bevorzugen Routinearbeiten und es wird ihnen dabei auch nicht langweilig.
Mischformen: Menschen, die zuerst nach Unterschieden und dann nach Gemeinsamkeiten suchen und umgekehrt.

Global - Detailliert

Hier geht es um das Ausmaß an Informationseinheiten, die ein Mensch braucht, um Informationen aufnehmen und verarbeiten zu können.
Global: Diese Menschen bevorzugen ein Gesamtbild einer Situation. Sie wollen Gesamtzusammenhänge erfassen. Wird es zu spezifisch, delegieren sie. Sie sind gute Planer. Es kann passieren, dass sie Details leicht vergessen.
Detailliert: Diese Menschen wollen viele detaillierte Einzelheiten zu einer Situation erfahren. Sie können sich gut auf die Einzelheiten einer Aufgabe konzentrieren. Sie fragen, bis sie alles erfahren haben. Manchmal verlieren sie das Gesamtziel aus den Augen.
Mischformen: Manche Menschen erarbeiten sich aus vielen Details ein Gesamtbild. Andere wollen ein Gesamtbild und erst danach die notwendigen Details.

Als Zweites: Die Motivation

Auf etwas hinbewegen - Von etwas wegbewegen

Motiviert sich eine Person, indem sie sich auf ein Ziel zubewegt, oder indem sie sich von einem Problem wegbewegt?

Auf etwas hinbewegen: Diese Menschen richten ihre Aufmerksamkeit auf Ziele. Sie wissen, was sie wollen. Sie lassen sich durch Ziele oder zu erreichende Vorteile motivieren. Drohungen gehen bei ihnen ins Leere. Sie sind gut im Ausprobieren von Neuem.

Von etwas wegbewegen: Diese Menschen wissen, was sie vermeiden müssen. Sie sprechen mehr über das, was sie nicht wollen. Sie kommen gut voran, wenn ihnen Negatives vor Augen geführt wird, Drohungen machen sie handlungsfähig. Ihr Talent ist das Finden von Fehlern.

Mischformen: Manche Menschen erkennen Probleme, die zuerst gelöst gehören, um dann ein neues Ziel zu verfolgen. Andere haben ein Ziel vor Augen und achten beim Versuch, dieses zu erreichen, auf mögliche problematische Situationen.

Möglichkeit - Notwendigkeit

Sehen Menschen in ihren Tätigkeiten Möglichkeiten oder Notwendigkeiten?

Möglichkeit: Diese Personen sehen vor allem Chancen und gute Gelegenheiten. Sie „wollen" und „dürfen". Sie mögen Entwicklungen und Herausforderungen. Dinge, die sein müssen, langweilen sie.

Notwendigkeit: Diese Personen handeln aus einer Pflicht heraus. Sie „müssen". Zu viele Wahlmöglichkeiten stressen sie. Wenn Dinge notgedrungenermaßen zu erledigen sind, ist das für diese Personen kein Grund zur Traurigkeit.

Interne Referenz - Externe Referenz

Hat eine Person eher einen internen oder einen externen Bezugsrahmen?

Intern: Die Bewertungskriterien für ihre Handlungen finden diese Menschen in sich selbst. Sie urteilen nach ihren eigenen Maßstäben. Sie „fühlen" es in sich. Langjährige Erfahrung erhöht die interne Referenz. Diese Menschen nehmen ungern Entscheidungen anderer an. Sie haben eine höhere Selbstsicherheit. Mit der Meinung anderer kann man sie nicht überzeugen.

Extern: Die Bewertungskriterien für ihre Handlungen holen sich diese Menschen von anderen. Sie fragen gerne andere nach deren Meinung. Eine Konfrontation mit neuen Situationen kann die externe Referenz erhöhen. Sie brauchen Lob. Sie können gut mit vorgegebenen Maßstäben umgehen.

Als Drittes: Die Handlungen

Proaktiv - Reflektiv

Auf welche Art und Weise geht jemand an eine Arbeit heran oder wie schnell reagiert jemand in bestimmten Situationen?

Proaktiv: Diese Menschen reagieren rasch und ergreifen schnell die Initiative. Sie sind Tatenmenschen und bringen Dinge in Gang. Manche Menschen können sie durch ihre hohe Energie überfordern.

Reflektiv: Sie analysieren und untersuchen Dinge, bevor sie handeln. Sie können Dinge gut auf Eventualitäten prüfen. Sie bevorzugen es, wenn andere die Initiative ergreifen. Sie lassen den Dingen ihren Lauf.

Prozedur - Option

Arbeitet jemand gerne nach festgelegten Handlungsabläufen oder braucht er viel Spielraum für Alternativen?

Prozedur: Diese Personen bevorzugen geplante Vorgehensweisen. Sie wollen wissen, wie man etwas tut. Sie sind gut bei Routinearbeiten und mögen klar strukturierte Pfade. Sie haben Dinge gerne geregelt. In schwierigen Situationen den Weg zu verlassen und Alternativen zu finden, fällt ihnen schwer.

Optionen: Diese Personen arbeiten gerne spontan und flexibel. Sie suchen ständig nach Wahlmöglichkeiten. Sie sind mehr am Warum einer Tätigkeit interessiert. Sie können gut Alternativen entwickeln und halten sich gerne Möglichkeiten offen. Laufende Weiterentwicklung ist ihnen wichtig. Für Routinearbeiten sind sie weniger geeignet, sie lassen sich in ihren Wahlmöglichkeiten ungern einschränken.

Denken - Fühlen

Trifft jemand Entscheidungen mit dem Kopf oder mit dem Gefühl? Worauf verlässt sich eine Person mehr, auf ihr Herz oder auf ihr Hirn?

Denken: Sie entscheiden rational, nach bestimmten Kriterien. Hypothesen werden äußerst ungern gestellt.

Fühlen: Sie treffen Entscheidungen subjektiv, quasi aus dem Bauch heraus. Erfahrungen haben einen großen Einfluss auf ihre Maßnahmen.

Als Viertes: Das Lernverhalten

Praxis - Theorie

Welche Methode bevorzugt jemand beim Lernen?

Praxis: Sie lernen durch Eigenversuch, das heißt, sie wollen es selbst testen.

Theorie: Diese Menschen lernen durch Bücher, Demonstrationen oder Pläne.

Die Filter-Ergebnisse unserer Spitzenköche

Vergleichen Sie Ihre Ergebnisse mit denen unserer Spitzenköche.

1.	8	Praxis
2.	7	Fühlen
3.	7	Interne Referenz
4.	6	Denken
5.	6	Unterschied
6.	6	Möglichkeit
7.	6	Von etwas wegbewegen
8.	6	Auf etwas hinbewegen
9.	5	Prozedur
10.	5	Global
11.	5	Proaktiv
12.	4	Option
13.	3	Detailliert
14.	2	Theorie
15.	2	Reflektiv
16.	2	Notwendigkeit
17.	1	Ähnlichkeit
18.	1	Externe Referenz

Wünschen Sie sich, Ihre Filter wären mit denen der Köche ident?

Gute Nachricht: Es ist möglich, denn Ihre eigenen Ergebnisse und die Ergebnisse der Spitzenköche sind eine Momentaufnahme. Die Aussage „Ich bin halt so." gilt hier nicht! Denn wir „sind" nicht, sondern wir „verhalten" uns, und Verhalten ist veränderbar. Die Filter unserer Köche sind grundlegende Elemente ihres Erfolges. Es ist deshalb wichtig, sich diese Filter anzueignen.

So mobilisieren Sie die förderlichen Filter der Spitzenköche bei sich selbst.

Die Ergebnisse Ihrer Filter bilden die Grundlage zur Veränderung (Changework).
Sie haben Ihre Filter herausgefunden?
Die Veränderung kann beginnen!

Bereit?

Hier ein Beispiel:

Sehen wir uns die Ergebnisse einer Köchin an.
Das Ergebnis bei Filter **„Intern"** ist 7.
Das Ergebnis bei Filter **„Unterschied"** ist 6.

Was sagt uns das?
Sie kann mit dem Ergebnis zufrieden sein. Immerhin deckt sich das Ergebnis der beiden Filter mit denen der Spitzenköche.

Bedeutung von Filtern: nachzulesen ab Seite 23.

Nachsatz

Ist Ihr Ergebnis mit dem der Spitzenköche ident?
Dann sind Sie auf dem besten Weg zu einer „Haube".
Ist es konträr zu dem Ergebnis der Köche, dann geht es weiter mit dem nächsten Kapitel *Changework*.

Changework

Die erste Phase der Veränderung

Beantworten Sie folgende Fragen.
Welche Filter bestimmen Ihr Kochverhalten?
Welche Filter sollten Sie verändern?
Welchen Sinn hat die Veränderung?

Die zweite Phase der Veränderung

Üben Sie das neue Verhalten.
Das Ergebnis Ihres Tests zeigt Filter auf, die optimiert werden müssen?
Nachstehend finden Sie Anleitungen zur Veränderung der 18 Filter.
Suchen Sie Ihre zu optimierenden Filter heraus und setzen Sie einen nach dem anderen in der Praxis um.
Achten Sie darauf, was passiert. Seien Sie konsequent. Sie werden positive Veränderungen wahrnehmen.
Sie bestimmen Zeitraum und Tempo. Viel Erfolg beim Changen!

Anleitungen zum Changework

Praxis
Ab sofort alles in die Tat umsetzen! Nichts mehr in der Theorie belassen! Tun, tun, tun. Sobald Sie etwas Neues sehen oder hören, probieren Sie es einfach aus.

Fühlen
Schließen Sie alles Rationale aus. Was sagt Ihnen Ihr Gefühl zu einer Entscheidung?

Interne Referenz
Fragen Sie ab jetzt nur noch sich selbst, wie zufrieden Sie mit Ihrem Kochergebnis sind. Klammern Sie bewusst die Meinungen anderer aus.

Denken
Lassen Sie Ihr Bauchgefühl außer Acht! Welche Zahlen und Fakten sprechen für eine gute Entscheidung?

Unterschied
Achten Sie in Zukunft auf die Unterschiede! Was ist heute bzw. an diesem Gericht / Produkt anders?

Möglichkeit
Wenn Sie sich das nächste Mal sagen hören „Das muss ich tun.“, stellen Sie sich die Frage: Wofür ist das trotzdem eine gute Gelegenheit?

Von etwas wegbewegen
Was möchten Sie vermeiden? Formulieren Sie, was Sie nicht wollen!

Auf etwas hinbewegen
Formulieren Sie Ihr Ziel! Achten Sie darauf, dass Sie dabei keine negativen Formulierungen verwenden!

Prozedur:
Planen Sie Ihre nächsten Schritte ganz genau, machen Sie eine Liste mit
1.
2.
3. usw.
und halten Sie sich ganz genau an die Reihenfolge!

Global
Verschaffen Sie sich aus einer Vielzahl kleiner Informationen einen Überblick! Worum geht es? (Fassen Sie es in wenigen Worten zusammen.)

Proaktiv
Hören Sie auf zu analysieren und beginnen Sie zu handeln, egal womit!
Auch wenn Sie gerade lieber bloß darüber nachdenken würden und sich wünschen, dass ein anderer beginnt, womit können Sie trotzdem sofort anfangen?

Option
Wenn Sie gerade Schritt für Schritt ein Gericht erstellen, ändern Sie bewusst einen Schritt, geben Sie in diesem Prozess einer neuen Idee Platz.

Detailliert
Unterteilen Sie eine kurze, allgemeine Information in kleinste Sequenzen mit viel Inhalt!

Theorie
Konzentrieren Sie sich auf Bücher, Präsentationen und theoretisches Fachwissen. Setzen Sie nichts in die Praxis um. Welche Vorteile bringen theoretische Ansätze?

Reflektiv
Denken Sie, bevor Sie handeln! Lassen Sie sich mit Ihren Antworten Zeit!

Notwendigkeit
Was muss unbedingt stattfinden? Denken Sie einfach, Sie hätten keine Wahl!
Was ist die Notwendigkeit hinter einer Tätigkeit?

Ähnlichkeit
Achten Sie auf Gemeinsamkeiten! Worin sind sich Dinge ähnlich?

Externe Referenz
Fragen Sie andere nach ihrer Meinung! Lassen Sie andere bewerten und handeln Sie danach.

Falls Sie die eine oder andere Veränderung verunsichert, seien Sie beruhigt. Veränderung bedeutet nur, dass Sie gerade Ihren Weg korrigieren, und das Herrliche daran ist, dass Sie die Richtung jederzeit ändern können.

Der Einsatz förderlicher Fähigkeiten

Menschen können etwas, weil sie glauben, dass sie es können.
(Vergil)

Die sieben Fähigkeiten für Erfolg

Nachdem Sie jetzt mehr über Ihre Verhaltensmuster erfahren und das eine oder andere bereits verändert haben, konzentrieren wir uns in diesem Kapitel auf die Fähigkeiten und Kernkompetenzen, die unsere Köche in besonders hohem Maße als notwendig erachten und selbst einsetzen. Diese schließen selbstverständlich weitere Fähigkeiten nicht aus, sondern bilden lediglich die Basis. Diese Fähigkeiten unterstützen ihre Kreativität und alle Bereiche rund um die Zubereitung von Gerichten.

Irrglaube

Was Hänschen nicht lernt, lernt Hans nimmermehr.
Nicht alle unsere Fähigkeiten wurden uns in die Wiege gelegt. Manche davon sind angeboren, andere wiederum werden im Laufe des Lebens erworben. Bestimmte Fähigkeiten werden verlernt und müssen wieder erlernt werden.

Eine Fähigkeit zu haben, bedeutet, bewusst oder unbewusst zu wissen, wie man etwas erfolgbringend tut. Exzellente Köche beherrschen viele Fähigkeiten, die sich positiv auf ihre Kochkunst auswirken. Diese wurden exakt zu jenem Zeitpunkt erworben, als diese Fähigkeiten an Bedeutung gewannen.
Wie bei einer Fremdsprache. Wann erlernen wir diese? Genau dann, wenn unser Interesse oder die Notwendigkeit am höchsten ist.

Was lernen wir daraus?
Wir sind niemals zu alt, um etwas zu erlernen. Und es ist niemals zu spät, vorhandene Fähigkeiten zu verbessern.

Alles klar? Dann machen Sie folgende sieben Fähigkeiten und acht Kernkompetenzen zu Ihren Ressourcen.

Sieben Fähigkeiten zur Perfektionierung Ihrer Kochkunst

Leidenschaft und Freude

bedeuten, eine Tätigkeit zu genießen und ein Frohgefühl dabei zu empfinden. Es ist ein Sich-Einlassen auf Erlebnisse.

Lassen Sie sich durch besondere Momente und Highlights in den Bann der kulinarischen Genüsse ziehen. Erleben Sie genussreiche Augenblicke, wann immer es Ihnen möglich ist. Was finden Sie an einem bestimmten Tag aufregend? Wovon möchten Sie mehr tun? So steigern Sie Ihr Verlangen nach besonderen Momenten in der Küche und empfinden Freude, sich und andere kulinarisch zu verwöhnen.

Konsequenz

bedeutet, eine Ankündigung beharrlich einzuhalten. Konsequenz zeigt auch die Zielstrebigkeit einer Person auf.

Vermeiden Sie, Handlungen anzukündigen, die Sie nicht einhalten können. Nicht nur anderen, sondern auch sich selbst gegenüber. So erreichen Sie, dass Menschen Sie ernst nehmen. Welche Voraussetzungen benötigen Sie, um konsequenter zu werden? Durch Ihr Vorgehen signalisieren Sie Ihrem Umfeld, welches Verhalten Sie sich erwarten. Dadurch erkennen die anderen die Wichtigkeit Ihrer Forderungen und nehmen Sie beim Wort!

Disziplin

bedeutet das Befolgen klarer Regeln, Gebote und Anleitungen. Selbstdisziplin bedeutet ein kontrolliertes Vorgehen und das Überwinden der Abneigung vor unangenehmen Tätigkeiten. Menschen mit hoher Selbstdisziplin gehen kontrollierter vor, reagieren weniger impulsiv und haben höhere Ausdauer.

Überlegen Sie, wofür vorgegebene Regeln notwendig sind. Durchbrechen Sie Bequemlichkeit und Unlust! In welcher Art und Weise bringt Sie das Ihrem Ziel näher? Disziplin sorgt in der Küche für ein geordnetes Arbeiten. Wenn Sie etwas bewusst überwinden, lernen Sie, sich kritischen Situationen zu stellen und diese zum Positiven zu wenden!

Konzentration
bedeutet, für eine gewisse Zeit die gesamte Aufmerksamkeit auf eine bestimmte Tätigkeit oder ein bestimmtes Objekt zu richten.
Vermeiden Sie Müdigkeit und Ablenkung. Überlegen Sie, was an der Tätigkeit Ihre höchste Aufmerksamkeit verdient. Interessieren Sie sich bewusst für einen Punkt, z. B. Was passiert mit dem Gemüse in dem Moment, in dem Sie es schneiden? Konzentriertes Arbeiten unterstützt Sie dabei, Fehler zu reduzieren!

Selbstkritik
bedeutet das kritische Hinterfragen eigener Handlungen.
Wenn Sie eine Handlung setzen, fragen Sie sich: Was daran war wirklich gut und wofür war es förderlich? Was daran war nicht so hilfreich und wofür war es hinderlich? Was können Sie beim nächsten Mal besser machen?
Selbstkritik hilft Ihnen, Ihre eigenen förderlichen und hinderlichen Eigenschaften schneller zu erkennen und notwendige oder wünschenswerte Veränderungen herbeizuführen!

Neugierde
bedeutet das Streben nach Neuem und Unbekanntem. Sie zeigt den Grad an Interesse einer Person auf und ist Antriebskraft für eigenständiges Handeln.
Wenn sich Unlust und Desinteresse breitmachen, stellen Sie sich folgende Fragen: Was wissen Sie noch nicht über dieses Produkt oder diesen Vorgang? Was wäre ein neues Ziel, auf das Sie Ihre Aufmerksamkeit in diesem Vorgang lenken können?
Durch das Wecken von Neugierde steigern Sie Ihre Motivation und bekommen geistige Nahrung für Ihre Weiterentwicklung.

Durchhaltevermögen
bedeutet, etwas mit Entschlossenheit, Geduld und Ausdauer, auch in schwierigen Situationen, zu Ende zu bringen.
Wenn Sie schnell aufgeben, oder Vorsätze nicht einhalten, überlegen Sie: Was bringt es Ihnen in Zukunft, wenn Sie jetzt durchhalten? Wer könnte Sie in dieser Phase unterstützen? Wie wird es Ihnen gehen, wenn Sie sich weiter bemühen und Ihr Ziel erreichen? Welche Belohnung erwartet Sie, wenn Sie es schaffen?
So erreichen Sie Ihre Ziele trotz hoher Belastung und können stolz auf sich sein.

Acht Kernkompetenzen als wichtige Ergänzung

Soziale Kompetenz

Damit richten unsere Köche ihr eigenes Verhalten und ihre Ziele erfolgreich auf eine Gruppe aus. Sie beeinflussen positiv die Handlungen und Einstellungen ihrer Mitarbeiter, Lieferanten und Gäste. Zu den „soft skills" zählen Teamfähigkeit, Konfliktfähigkeit, Wertschätzung, Respekt, Motivation, gute Mitarbeiterführung und perfekte Kommunikation.

Körperlichen und geistigen Ausgleich schaffen

Bei der Arbeit ist ein reibungsloser Ablauf in unserem Körper wesentlich. Sport, Bewegung in der Natur, Entspannungstechniken wie Yoga, Energiearbeit und viele andere Methoden helfen, körperliche Anspannungen oder Stress zu lösen. Sie sorgen für einen gesunden Energiehaushalt sowie mehr Widerstandskraft gegenüber Belastungen.

Feedback nehmen und geben

Der richtige Umgang mit Rückmeldungen ist eine bedeutsame Methode zur persönlichen Weiterentwicklung. Durch Feedback informieren unsere Köche ihr Umfeld über hilfreiche und störende Verhaltensweisen sowie über ihre Bedürfnisse und Werte. Das Geben von konstruktivem Feedback und das Annehmen kritischer Sichtweisen beschleunigen die Lernprozesse aller Beteiligten.

Wirtschaftlich denken

Trotz der großen Bedeutung der Qualität beim Kochen verlieren gute Köche die Kosten nie aus den Augen. Deshalb ist die Entwicklung eines kaufmännischen Gespürs auch in dieser Branche unerlässlich. Für relevante Entscheidungen ist ein betriebswirtschaftliches Kernwissen wichtiger denn je. So können die Köche ihren Mitarbeitern, Lieferanten, Gästen und auch sich selbst das Weiterbestehen ihres Betriebes sichern.

Delegieren

Die Weitergabe von Teilaufgaben ist die Fähigkeit, andere sinnvoll zu beschäftigen, Verantwortung zu übertragen und sich selbst dabei zu entlasten. Dadurch gewinnen die Köche auf der einen Seite mehr Zeit, auf der anderen steigt die Motivation der Mitarbeiter: Sie sind stolz, dass ihnen bestimmte Aufgaben zugetraut werden.

Laufender Wissenserwerb

Kochen ist für unsere Köche ein nie endender Lernprozess. Sie eignen sich ihr Wissen auf verschiedenste Art und Weise an. Durch Fachliteratur, Kochkurse, Auslandserfahrung, Selbstreflexion und internationale Vergleiche erfolgt ständige Weiterentwicklung.
Sie überprüfen, ob und wie sie neue Techniken in ihrer eigenen Küche anwenden können.

Steigerung des eigenen Qualitätsanspruches

Hohe Qualitätsansprüche an sich selbst zu stellen, ist wichtig. Deshalb gelangen unsere Köche in ihrer Entwicklung nie an ein Ende. Sie sind ständig auf der Suche nach neuen Möglichkeiten.

Improvisationstheater

Gute Köche sind Meister im Bewältigen von Schwierigkeiten und Hindernissen.
Lieferanten, die die versprochenen Produkte nicht liefern. Gemüse oder Obst, das nicht der Qualität entspricht. Defekte an wichtigen Küchengeräten. Oder ein plötzlicher Ausfall von Mitarbeitern. Totale Stromausfälle und diverse Naturkatastrophen seien hier der Vollständigkeit halber noch erwähnt.

Gute Köche finden für plötzlich auftretende Probleme meist die richtige Lösung.
Und der Gast?
Die Gäste interessiert es selten, warum etwas nicht funktioniert. Deshalb vergeuden unsere Köche keine Zeit mit Rechtfertigungen.
Sie haben nur ein Ziel vor Augen.
Dem Gast zu geben, was ihm versprochen wurde!

Was können Sie daraus lernen?

Gestalten Sie einen Reserveplan für Eventualitäten!
Dann werden Sie sich über jedes Problem freuen, um lässig und souverän Ihren Reserveplan einsetzen zu können.

Die Tugend von Botschaften

Jeder Handlung geht ein Gedanke voraus.
(Ralph Waldo Emerson)

Die Kraft klarer Vorstellung

Wer kennt das nicht?

Man steht im Geschäft und weiß nicht, was man kaufen soll. Der Menüplan für die nächste Woche zeigt sich in strahlendem Weiß.
Erinnerungen werden wach. Der knusprige Schweinebraten letztes Jahr traf nicht den Geschmack der vegetarischen Gäste. Und das herzige Zwergkaninchen im Reisring war die Überraschung am Kinderfest.
Mit einem Wort: Man hat absolut keine Vorstellung, was man kochen soll.

Was macht Sie zum wahren Koch?

Ganz einfach, klare Vorstellungen.
Eine Philosophie, mit der Sie Ihr Kochhandwerk verdeutlichen können.
Denn dann wissen Sie, was Sie einkaufen, welche Zubereitungsmethode Sie verwenden, wie Sie die Teller und den Tisch gestalten, usw. Alles bekommt einen Sinn. Für Sie selbst und andere.

Finden Sie Ihren Weg und Ihr Kochleben wird leichter.

Egal ob bei Diätküche, vegetarischer Kost, internationaler Küche, regionalen Speisen, als Koch oder als Leiter eines Gourmettempels.

Lassen Sie Gäste und alle Beteiligten an Ihrer Philosophie teilhaben!
Dann wissen alle, worauf sie sich einlassen.

Unsere Spitzenköche haben ihre Philosophie schon gefunden.
Jeder für sich. Und Sie, werter Leser, können daran teilhaben.

Was unsere Köche sagen:

„Eine österreichische Küche auf den Teller bringen, die das Land in das schönste Licht rückt." / Heinz Reitbauer

„Natur bedenken heißt Zukunft schenken." / Thorsten Probost

„Tradition mit moderner Küche verbinden." / Andreas Döllerer

„Den Urgeschmack des Grundproduktes erhalten." / Jürgen Benker

Die (Wieder)Geburt Ihrer klaren Vorstellungen

Nun haben Sie die Möglichkeit, Ihre eigene Philosophie herauszufinden. Sollten Sie diese bereits gefunden haben, können Sie Ihre Philosophie einfach mit Hilfe der Übung überprüfen und gegebenenfalls aktualisieren.

Nun wird's interessant.

In dieser Übung notieren Sie acht Werte in beliebiger Reihenfolge, die Ihnen beim Kochen wichtig sind. Dabei konzentrieren wir uns vorerst nur auf die acht wichtigsten.
Tragen Sie diese in die Werteliste 1 ein.

Nun bringen Sie diese Werte in die für Sie richtige Rangordnung.
Sie hinterfragen zuerst:
Ist Wert 1 wichtiger als Wert 2, Wert 3, usw...
Ist Wert 2 wichtiger als Wert 3, Wert 4, usw...
Ist Wert 3 wichtiger als Wert 4, Wert 5, usw...

Gehen Sie nochmals alles Punkt für Punkt durch. Finden Sie für sich die neue Reihenfolge.
Tragen Sie diese in die Werteliste 2 ein.
Wenn Sie beim Vergleichen einen weiter hinten gereihten Wert vorziehen, ändern Sie einfach die Reihenfolge so lange, bis es passt.
Es kann sein, dass die Reihung Ihrer Wertigkeiten nicht immer ganz einfach ist, aber nach der Übung sind Ihre Werte auch für Sie klarer und leichter zu kommunizieren.
Nach einiger Zeit können Sie die Ergebnisse immer wieder auf ihre Aktualität überprüfen, denn die Werte können sich natürlich ändern.

Formulieren Sie aus Werteliste 2 Ihre Philosophie.
Erzählen Sie diese weiter. Dann wird Ihre Küche für viele verständlicher.

Übung macht den Meister

Was ist Ihnen beim Kochen wichtig? Werteliste 1

1. Wert
2. Wert
3. Wert
4. Wert
5. Wert
6. Wert
7. Wert
8. Wert

Reihen Sie hier Ihre Werte neu! Werteliste 2

1. Wert
2. Wert
3. Wert
4. Wert
5. Wert
6. Wert
7. Wert
8. Wert

Formulieren Sie aus Werteliste 2 in kurzen Worten Ihre neue Philosophie.

Kommunikation – ein äußerst einflussreiches Medium

Durch Reden vermitteln wir unsere Gedanken und unser Wissen. Jedoch wird das Gesagte nicht immer klar verstanden.

Ein Beispiel aus der Praxis

Koch 1 weist an: Schneiden Sie bitte rasch Zwiebel!
Jungkoch 1 führt aus: Nach 3 Stunden waren 180 kg Zwiebel perfekt geschnitten und der gesamte Vorrat aufgebraucht.
Koch 1 erwartete lediglich Zwiebel für 3 Portionen Rostbraten.

Was war passiert? Die Kommunikation war unzureichend. Die Anweisung wurden nicht klar dargelegt. Der Jungkoch hat die Aufgabe nach seinem Verständnis befolgt.

Dieses Beispiel zeigt, wie wichtig klar definierte Anweisungen sind. Berücksichtigt man folgende Faktoren, kann Kommunikation besser gelingen.

Die 4 wichtigsten Faktoren einer Botschaft

Was – Die Fakten
Was sind die tatsächlichen Inhalte?
Beispiel: Ich brauche 250 g Trüffel bis morgen 10.00 Uhr.

Wofür – Die Begründung und der Nutzen
Was ist der wahre Sinn und Zweck?
Beispiel: Unsere Gäste sind sehr anspruchsvoll. Trüffeln runden das Gericht perfekt ab.

Wie – Die Art und Weise
Wie exakt erfolgt etwas?
Beispiel: Es müssen Piemont-Trüffel sein. Schön fest.

Was, wenn – Eventualitäten und mögliche Folgen
Was könnte passieren?
Beispiel: Alternativ können es auch Périgord-Trüffel sein.

Nun zur Übung

Üben Sie jetzt, Botschaften mit den vier wichtigen Faktoren zu formulieren.
Schreiben Sie zu
WAS
WOFÜR
WIE
WAS,WENN
Ihre zentrale Aussage.

Beispielthema: Anschaffung eines neuen Kochgerätes

WAS

WOFÜR

WIE

WAS, WENN

Sie merken jetzt, dass Sie für gewisse Inhalte länger überlegen müssen.
Achten Sie deshalb im Alltag darauf, wie Sie Botschaften vermitteln und wie sie Ihnen vermittelt werden. Jetzt wird klar, warum manche Menschen besser und manche schlechter verstanden werden.

Merke: Perfekte Resultate erfordern perfekte Kommunikation.

Die ungewöhnlich gewöhnlichen Zutaten im Kochprozess

Wenn ich einen Marmorblock betrachte, sehe ich die vollkommene Skulptur darin. Ich muss nur noch das entfernen, was nicht dazu gehört. (Michelangelo)

Nun, da vieles für Sie klarer geworden ist, wird es Zeit, sich dem Kochprozess selbst anzunähern. In diesem Kapitel erhalten Sie Informationen über die einzelnen Schritte, die zur Entwicklung eines perfekten Gerichtes beitragen. Von der Idee bis hin zur Präsentation. Sie erfahren alles Wichtige und Wissenswerte über den Kochprozess. Zusätzlich finden Sie hier Zitate, die Sie inspirieren sollen.

Die im Folgenden angeführten Elemente sind die am häufigsten erwähnten Punkte aus den Interviews mit unseren Köchen.

Die Idee

Ob diese aus Kochbüchern, der Natur, aus Produkten oder Restaurantbesuchen entsteht, ist zweitrangig. Wichtig ist die daraus folgende Umsetzung, damit die Idee nicht nur eine gedankliche Seifenblase bleibt. Unsere Köche setzen ihr schöpferisches Denken immer in die Tat um. Machen Sie es ihnen nach!

„Die Idee entwickelt sich aus einem Warenkorb heraus, in der Freizeit und beim Sport." | Karl & Rudolf Obauer

„Eine Idee entsteht im Kopf, wird dann getestet und laufend verbessert. Ich habe auch schon ein Fleisch bei einer Veranstaltung in Schottland entdeckt, das sensationell war. Um dieses Fleisch habe ich dann ein Gericht kreiert." | Walter Eselböck

„Ich achte darauf, was die Natur vorgibt und halte alle Ideen schriftlich fest. Die Idee wird getestet. Wenn es beim spätestens 3. Test nicht so gelingt, wie wir es uns vorstellen, dann kommt es auf den Ideenfriedhof. Irgendwann liest man es wieder durch und weiß, damals hat es nicht gepasst, vielleicht jetzt." | Heinz Reitbauer

„Das Produkt anschauen, Kräuter riechen, eine Verbindung herstellen und jede Menge Spaß haben. Sich zum Beispiel vom Frühling inspirieren lassen. Zum Frühling gehört Leichtigkeit, also kein Gulasch, das gehört in den Winter." | Thorsten Probost

„Ich frage mich zuerst: Was gibt es noch nicht?
Man kann zufällig oder nach Kochtechnik entscheiden.
Danach sammeln sich die Beilagen dazu." / Heinz Hanner

„Sich fragen: Welches Produkt gibt es? Was hat Saison? Was macht mir Spaß? Das ist die Basis, dann spiele ich die Kombinationen durch. Es entsteht ein Bild im Kopf, das ich schmecken kann. Und wenn Kopf und Herz sagen, das könnte was werden, dann geht die Idee in die Küche." / Thomas Walkensteiner

„Produkte soll man sehen, hören und schmecken und die Idee im Kopf reifen lassen." / Klaus Fleischhaker

„Über die Zutaten bildet sich im Kopf ein Gericht. Ich spinne es im Kopf und dann versuche ich, es so nah wie möglich in der Küche umzusetzen." / Andreas Döllerer

„Ich brauche meine Zeit, in der ich mich zurückziehe und überlege. Da vergesse ich alles um mich herum. Ich schreibe meine Ideen zusammen und mache mir Notizen über das, was zusammenpasst." / Richard Brunnauer

„Sich nach der Jahreszeit richten, das ist die Grundvoraussetzung.
Alles, was einem einfällt, in einem Buch notieren.
Durch meine Erfahrungen weiß ich, was möglich ist." / Andreas Kaiblinger

„Ich überlege mir, welche Produkte es zur Zeit gibt und denke die Rezepte im Kopf zusammen." / Jürgen Benker

„Spontan fallen mir die besten Dinge ein - in der Freizeit, beim Schwammerlsuchen oder beim Fischen." / Erich Pucher

Die Kriterien für kreative Ideen!

Geschmackliche Vorstellungskraft
Hochwertige Produkte
Der Mut, Ideen umzusetzen
Inspiration durch die Natur
Die richtigen Kochtechniken
Freude am Kochen

Was braucht man zur Ideenfindung?

Das Wissen um die Produktvielfalt.
Notieren Sie Ihre Einfälle, auch wenn Sie einige davon später verwerfen.
Finden Sie heraus, welche Produkte gut miteinander harmonieren.
Welche Gerichte passen zur aktuellen Jahreszeit?
Experimentieren Sie mit anderen Kochtechniken.
Was würden Sie jetzt gerne kochen?

Befolgen Sie diese Anregungen und Sie werden Ihre Kreativität steigern.

Das Produkt

Ob ihnen ein Gericht gelingt oder nicht, hängt in erster Linie von der Qualität des Produktes ab. Darüber sind sich unsere Köche absolut einig. Die Definition von Qualität selbst fällt unterschiedlich aus und ist Teil der jeweiligen Philosophie der Köche.

„Jeder Fehler hier rächt sich im Endprodukt." / Andreas Kaiblinger

„Nicht was teuer ist, ist gut, sondern die beste Qualität." / Heinz Hanner

„Aus einem guten Produkt etwas Schlechtes machen, ist leicht. Aus einem schlechten Produkt etwas Gutes machen, ist unmöglich." / Thorsten Probost

„Jeder hat andere Vorlieben beim Einkauf, das macht den Unterschied der Köche aus." / Didi Dorner

„Für großartige Küche großartige Produkte verwenden, das ist die Basis." / Andreas Döllerer

„Firmentreue ist ganz wichtig. Durch die lange Beziehung wissen meine Lieferanten: Wenn ich reklamiere, hat es Hand und Fuß. Und mit Lieferanten funktioniert es wie beim Fußball: gelbe, dann rote Karte." (Lisl Wagner-Bacher)

Die Kriterien für höchste Qualität!

Aktuelle Saison und Jahreszeit
Absolute Frische
Haltbarkeit
Kenntnisse über Herkunftsland oder Region
Artgerechte Haltung und Aufzucht
Artgerechter Transport
Ökologische Landwirtschaft
Klare Struktur des Lieferanten

Wie schärfen Sie Ihren Sinn für beste Qualität?

Achten Sie auf einen natürlichen Reifeprozess des Produktes.
Überlegen Sie, welche Jahreszeit welche Produkte hervorbringt.
Welche Art des Transportes ist für die Produkte förderlich, welche hinderlich?
Welche Frischefaktoren kennen Sie? Farbe, Geruch...?
Wird Importware Ihren hohen Qualitätsansprüchen gerecht?
Bevorzugen Sie Zucht oder Wildfang?
Ist Ihr Zeitmanagement vom Einkauf bis zur Zubereitung optimal?
Mit welchem Futter werden die Tiere aufgezogen?
Welche Düngemittel werden eingesetzt?
Sind Sie bestens über Ihre Lieferanten informiert?

Je besser Sie Qualitätsmerkmale erkennen, umso schneller beherrschen Sie den wichtigsten Teil des Kochens.

Beste Lieferanten garantieren beste Produkte

Die Kriterien für eine gute Zusammenarbeit mit den Lieferanten!

Aufbau einer guten, korrekten Beziehung
Vertrauen und Verlässlichkeit
Absoluter Bezug des Lieferanten zum Produkt
Sicherstellung von Qualität und Menge

Wie gelingt reibungslose Kooperation?

Bauen Sie ein gutes Verhältnis zu Ihren Lieferanten auf.
Kennt Ihr Lieferant Ihre Qualitätsanforderungen?
Hält sich Ihr Lieferant an vereinbarte Regeln?
Denken Sie daran: Vertrauen und Verlässlichkeit basieren auf Gegenseitigkeit.
Nehmen Sie keine Einschränkungen in Kauf.
Welchen Bezug hat Ihr Lieferant zu seinen Produkten?
Fördern Sie regionale Lieferanten zur Sicherung Ihrer Nahversorgung.
Mehrere Lieferanten machen Ihr Leben manchmal leichter.
Ziehen Sie Konsequenzen, wenn vereinbarte Regeln nicht eingehalten werden.

Sehen Sie Ihren Lieferanten als Partner. Das garantiert einen reibungslosen Ablauf.

Der Geschmack

Um Aromen gekonnt miteinander zu verbinden, ist ein absoluter Geschmacks- und Geruchssinn unerlässlich. Es gilt herauszufinden, welche Aromen den eigenen Geschmackssinn prägen und wie diese Aromen in Gerichten auf andere Menschen wirken.

„Das Produkt so belassen, wie es ist, und seinen Urgeschmack erhalten." / Jürgen Benker

„Wenn die Geschmacksnuancen aufeinander treffen, kommt es zur Explosion." / Klaus Fleischhaker

„Einen Spannungsbogen erzeugen." / Gerhard Fuchs

„Das Gericht soll den Geschmack des Grundproduktes haben und stimmig sein, dann transformiert es sich zum Ganzen." / Thorsten Probost

Die Kriterien für einen absoluten Geschmack!

Richtige Geschmackswahrnehmung durch den Mund
Richtige Geschmackswahrnehmung durch die Nase
Neugierde und laufendes Training
Ideale Kombinationen von Geschmack, Temperatur und Konsistenz des Produktes

Wie bekommen Sie einen Sinn für guten Geschmack?

Üben Sie sich im Erkennen einzelner Aromen.
Wie reagieren Ihre eigenen Geschmacksrezeptoren?
Welche Komponenten können Sie aus einem Produkt herausschmecken?
Wie gut erkennen Sie die Geschmacksrichtungen süß, sauer...?
Entwickeln Sie eine Vorstellungskraft für harmonisierende Aromen.
Wie viele Gewürze oder Kräuter tun dem Produkt gut?
Der richtige Umgang mit Aromen erhält den Urgeschmack des Produktes.
Welcher Geschmack ist typisch für das Produkt?
Welche Beschaffenheit des Produktes fördert den Geschmack? Fest, cremig, warm...?

Trainieren Sie Ihre Geschmackswahrnehmung, damit der Geschmack nicht auf der Strecke bleibt. Reduzieren Sie unerwünschte Geschmackskomponenten. Entwickeln Sie wohlschmeckende Rezepturen. Ihre Gäste werden es Ihnen danken.

Die Zubereitung

Das Wissen um Methoden und Produkte ist hier Voraussetzung. Konzentration, Freude und akribisches Arbeiten sind für unsere Köche die grundlegenden Elemente für eine reibungslose Zubereitung.

„Keep it simple and stupid. Ich habe keine Zeit zu warten, bis ein Koch 20 Jahre Erfahrung hat. Deshalb lege ich Ablaufprozesse fest. Dann kann es jeder machen." / Heinz Hanner

„Ich führe dem Produkt das zu, was es braucht, und multipliziere so den Geschmack." / Thomas Walkensteiner

„Liebe und Freude, mit der ich alles verbinde, ergeben ein Gericht, das mehr darstellt als eines, das bloß zubereitet wird." / Didi Dorner

„Man muss eins sein mit dem Produkt und darauf aufpassen. Dieses Produkt hätte weitergelebt, hätten wir es nicht gebraucht." / Thorsten Probost

„Ich bringe die Mitarbeiter zu den Produzenten, damit sie sehen, wie lange die Herstellung dauert. Dann bekommen sie einen anderen Zugang." / Andreas Döllerer

Die Kriterien für eine gelungene Zubereitung!

Klar definiertes Mise en place
Richtiges Equipment
Art der Kochtechnik
Respektvoller Umgang mit dem Produkt
Anzahl der Zutaten
Laufende Kontrolle für etwaige Korrekturen
Abgestimmte Geschmackskomponenten

Wie werden Sie in der Zubereitung der Gerichte noch besser?

Bereiten Sie Ihr Mise en place gut durchdacht vor, um zügig arbeiten zu können.
Kennen Sie die richtige Garzeit für die jeweiligen Produkte?
Ein Produkt lebt und kann sich verändern. Lernen Sie, damit umzugehen.
Gehen Sie auf die Besonderheiten des Produktes ein.
Achten Sie auf eine schonende Behandlung des Produktes.
Gewürze sollen das Produkt unterstreichen, nicht überdecken.
Abschmecken dient der Kontrolle. So können Sie rechtzeitig korrigieren.
Weniger ist oft mehr. Zutaten und Beilagen sorgsam auswählen.
Berühren Sie das Produkt so wenig wie möglich.
Wie überraschen Sie den Gast? Kulinarik soll spannend sein.
Behalten Sie den Überblick über Ihre Kochvorgänge.
Hoppalas passieren! Haben Sie einen Reserveplan?
Werden Sie mit jedem Gericht besser? Steigern Sie Ihren eigenen Qualitätsanspruch.
Nicht trödeln, nicht hetzen. Finden Sie das richtige Maß.
Halten Sie sich an die Basisregeln von Grundzubereitungen und Ablaufprozessen.
Das Wohl des Gastes ist wichtig. Achten Sie auf Zusammenstellung und Menge des Gerichtes.

Darin sind sich unsere Köche absolut einig.

Beim respektvollen Umgang mit den Produkten.
Beim Erzielen von geringen Abfallmengen.
Bei der Beachtung eines gesunden ökologischen Systems.

Bereichern Sie Ihr vorhandenes Wissen mit diesen Elementen und die Zubereitung wird bestens gelingen.

Denken Sie daran:
Übung macht den Meister! Und geht einmal etwas daneben, dann sehen Sie es einfach als Lernprozess.

Das Team

Voraussetzung für ein gut funktionierendes Team ist das perfekte Zusammenspiel aller Beteiligten. Eigene Qualitätsansprüche müssen den Mitarbeitern vermittelt werden, um einen weitgehend stressfreien und homogenen Ablauf zu gewährleisten.

„Mit Convenience kann ich keinen Koch motivieren. Gib ihm ein ganzes Tier zum Verarbeiten und er freut sich." / Richard Brunnauer

„Das Schlimmste ist die Abhängigkeit von seinen eigenen Fähigkeiten. Ich bringe es den Leuten bei, dadurch habe ich den Kopf frei für neue Dinge." / Heinz Hanner

„Es ist wichtig, Mitarbeiter und Kollegen zu schätzen." / Andreas Kaiblinger

„Ich fördere mein Team, sodass die Mitarbeiter nicht nur vor sich hinarbeiten, sondern auch Ideen bringen. So können sie sich entfalten und werden Teil des Ganzen." / Silvio Nickol

„Wenn Mitarbeiter den Betrieb wechseln, lernen sie Neues kennen. Wenn sie dann zurückkommen, deute ich das als ein gutes Zeichen." / Klaus Fleischhaker

„Je besser meine Mitarbeiter sind, desto leichter kann ich mich um die Zukunft kümmern." / Thomas Walkensteiner

„Wenn die Mitarbeiter zu mir zurückkommen, ist das mehr Erfolg als jede Auszeichnung." / Thorsten Probost

„Wir ändern die Karte nicht nur für unsere Gäste, sondern auch für unsere Mitarbeiter, so erhalten wir eine gesunde Spannung im Unternehmen." / Heinz Reitbauer

„Es ist wichtig, die Mitarbeiter dazu zu bringen, ihren eigenen Qualitätsanspruch in die Höhe zu schrauben." / Walter Eselböck

„Den Mitarbeitern gegenüber Verantwortung tragen, für ihre Zukunft sorgen, nämlich die Chance geben, in einem Betrieb zu arbeiten, der nächstes Monat nicht schließt." / Karl Obauer

Die Kriterien für ein Dreamteam!

Motivierte Mitarbeiter
Exakte Einschulung aller Beteiligten
Richtige Kommunikation
Klar definierte Philosophien und Ziele
Kompetente Mitarbeiterführung
Glaubwürdige Vorbilder

Wie gelingt ein erfolgreiches Team?

Informieren Sie Ihre Teammitglieder über Ihre Kochphilosophie. Dann ziehen alle an einem Strang.
Je besser und exakter Sie sie auf die jeweilige Tätigkeit vorbereiten, desto schneller wird erfolgreich gearbeitet.
Ein Vorbild zu sein, bewirkt mehr als Erklärungen. Eigene Vorstellungen und Verhaltensweisen werden erfüllt, wenn wir sie vorleben! Menschen vertrauen auf Handlungen, nicht auf Worte.
Feedback ist wichtig! So bleibt Ihr Team auf Kurs.
Mit welchen Maßnahmen halten Sie eine gesunde Spannung im gesamten Team aufrecht?

Fördern Sie die Weiterentwicklung. Übertragen Sie Kompetenzen.

Aufgepasst: Der Service zählt zum Team.
Der Service kennt Ihre Philosophie. So kann er den Gästen optimal Rede und Antwort stehen.

In einem Team sind alle Mitglieder gleich viel wert. Ausfälle zerstören das homogene Teamgefüge. Sämtliche Kochprozesse werden negativ beeinflusst und die Konzentration auf das Wesentliche geht verloren.

Vergessen Sie daher niemals:
Ohne perfektes Team sind Sie alleine auf weiter Flur.

Die Präsentation

Die Möglichkeiten in der Präsentation sind nahezu unbegrenzt. Sie reichen von professioneller Optik am Teller bis hin zum exzellenten Vorsetzen durch den Service. Nicht zuletzt ist die Atmosphäre im Restaurant von großer Bedeutung.

„Im Minimum liegt der Erfolg der Optik." / Karl & Rudolf Obauer

*„Nicht viel Theater am Teller machen.
Ein puristischer Zugang zum Gericht ist wesentlich." / Walter Eselböck*

*„Beim Anrichten mit allen Sinnen spielen dürfen.
Dabei vollende ich die Kette von Geschmack, Geruch und Eindrücken." / Thomas Walkensteiner*

*„Auch ein gelungenes Ambiente ist wichtig, damit sich der Gast
wohl fühlen kann." / Klaus Fleischhaker*

*„Passendes Geschirr ist ebenfalls wichtig.
Darauf lege ich auch zu Hause wert." / Richard Brunnauer*

„Kleine i-Tüpfelchen schaffen und seinen eigenen Stil finden." / Silvio Nickol

*„Ein Gericht gehört zu den Gästen, wenn es fertig ist.
Ja nicht zu lange stehen lassen." / Erich Pucher*

Die Kriterien für eine perfekte kulinarische Gestaltung!

Klarheit am Teller
Dekorativ garnieren. Das Auge isst mit.
Eingehen auf den Gast.
Perfektes Timing im Service
Authentische Atmosphäre

Wie funktioniert eine perfekte Präsentation?

Gestalten Sie Beilagen extravagant.
Achten Sie darauf, dass die Dekoration zum Gericht passt.
Der Gast steht im Vordergrund. Also aufmerksam sein, ohne aufdringlich zu wirken.
Geschmack ist individuell. Der Gast hat ein Recht auf seine Meinung.
Vermeiden Sie unansehnliche Tellergarnituren. Diverse Beilagen sollten getrennt serviert werden.
Ist Ihr Geschirr makellos und passt es zum Gesamtbild?
Ist die Temperatur des Gerichtes optimal?

Eine ansprechende Präsentation der Speisen zeigt von wahrer Kochkunst.
Geben Sie Ihren Gerichten eine eigene, spezielle Note.
Haben Sie Ihre Linie gefunden? Dann ziehen Sie diese auch durch.
Sie sind am Ziel.

Kochbücher noch besser verstehen

Nicht die anderen informieren schlecht,
sondern wir haben noch nicht vollständig zu unseren Gunsten wahrgenommen.
(Doria Pfob)

Ob ein Kochbuch ein Bestseller wird oder nicht, entscheiden die Leser. Wir erwarten das Beste von den Besten, sonst sind wir gnadenlos und der Autor erfährt heftige Kritik. Viele Faktoren spielen hier mit. Wie sehr spricht uns der Titel des Buches an? Erweckt der Inhalt in uns den Wunsch, dieses Buch unbedingt haben zu müssen? Dazu kommen noch Gestaltung, Bekanntheitsgrad des Koches, Umsetzbarkeit der Inhalte und vieles mehr.

Kochbücher sind Kommunikationsmittel.
Sie vermitteln Wissenswertes über das Handwerk der Kochkunst. Jeder dieser Autoren hat seinen eigenen Schreibstil, legt unterschiedliche Gewichtung auf einzelne Elemente und spricht verschiedene Zielgruppen an. Welches dieser Kochbücher wir bevorzugen, hängt von unserem aktuellen Interesse ab. Ob wir es verstehen und nutzen können, bestimmen die Art der Informationsvermittlung und unsere Wahrnehmungsfilter.

Schauen wir uns zunächst die unterschiedlichen Arten von Kochbüchern an, die uns geboten werden. Danach lernen Sie, Kochbücher auf eine neue Art zu lesen.

Variantenreichtum am Kochbuchmarkt

Auf der Suche nach einem guten Kochbuch findet man Angebote in folgenden Kategorien.

Lehrbücher für Basiswissen

Schulbücher, Fachlexika, usw.

nach bekannten und beliebten Köchen sortiert

Haubenköche, Sterneköche, Fernsehköche, usw.

nach Ländern, Regionen und Kulturen aufbereitet

Frankreich, Italien, Wachau, arabisch, chinesisch, usw.

nach Techniken und Garmethoden geordnet

Dämpfen, Grillen, Schmoren, Backen, Equipment, usw.

wissenschaftlich aufbereitet
Molekularküche, Erklärungen zu chemisch-physikalischen Veränderungen, naturwissenschaftliche Erkenntnisse, usw.

Biografien und Kuriositäten
Lebenserfahrungen von Köchen, Erlebnisse bekannter Persönlichkeiten, sonstige Ratgeber

zielgruppenspezifische Kochbücher
Diäten, Gesundheit, Party, Weihnachten, Singleküche, usw.

nach Produkten und Lebensmitteln geordnet
Fleisch, Fisch, Gemüse, Obst, Kartoffeln, Reis, usw.

geschichtlich dokumentiert
Küche im Altertum oder in der Neuzeit, Entwicklungen in der Küche, usw.

Was bedeutet diese große Buchauswahl für uns? Dass es nur Gewinner gibt. Und das sind wir, die Leser. Weil wir aus einem breiten Spektrum nach Lust und Laune auswählen können. Die Anregungen zum Kochen sind somit schier unendlich.

Kochbücher sind jedoch keine reinen Vermittler von Rezepten, sondern auch Inspiratoren, Wegbegleiter und Überbringer von Philosophien. Diese literarischen Bereicherungen abseits der Rezepte beinhalten die Werte unserer Köche, Lebensgeschichten und Werdegänge, Erfolgsstorys, Liebhabereien und Kurioses. Es sind Geschichten, die uns zum Träumen bringen und unbewusst unser Lernvermögen fördern. Wenn Sie wirklich besser kochen wollen, dann vergraben Sie sich in die Geschichten und Anekdoten berühmter Köche. Sie alle können Ihnen etwas erzählen. Lassen Sie sich inspirieren.

Überlegen Sie einmal ganz genau, für welche Art von Kochbüchern Sie sich am meisten interessieren und welchem Teil eines Kochbuchs Sie Ihre höchste Aufmerksamkeit schenken. Nehmen Sie jetzt eines Ihrer „Kochbücher" in die Hände und blättern Sie es durch. Worauf achten Sie gerade, welche Seite zieht Sie in ihren Bann?

Jeder von uns wird auf diese Fragen eine andere Antwort finden. Denn wären alle Geschmäcker gleich, wäre die Vielfalt unserer hervorragenden Kochkultur überflüssig.

Die „Architektur" von Rezepten

Kochrezepte sind - schlicht ausgedrückt - Anweisungen für die Zubereitung von Gerichten. Manche bescheren uns oft Glückseligkeit, andere wiederum schaffen es doch glatt, uns zur Verzweiflung zu bringen. Kommen wir dem Ganzen auf die Schliche! Doch vorerst untersuchen wir, welche „Architektur" bei Rezepten möglich ist.

Farbliche Illustration

Bilder helfen uns, eine Vorstellung von dem zu vollendenden Gericht zu bekommen. Lust oder Frust? Auf der einen Seite laden die Darstellung und die Präsentation zum Nachmachen ein, auf der anderen Seite bergen sie die Gefahr des Frustes. Dann, wenn das Ergebnis am Ende nicht unseren Vorstellungen vom Anfangsbild entspricht. Hand aufs Herz: Wie viele Gerichte sehen am Ende so aus, wie es uns unsere Köche vormachen?

Name des Gerichtes

Wörter und Namen rufen in unserem Gehirn Erinnerungen an Erfahrungen wach und lösen Emotionen aus. Sie informieren über Produkte und Beilagen. Der Name lässt uns von Beginn an harmonierende Aromen erahnen. Oder Produkte entdecken, die im Geschmack zusammenpassen. Die Art der Garmethode und die Herkunft ist manchmal ebenso enthalten. Oft fällt beim Namen des Gerichtes die Entscheidung, ob man es kocht oder nicht – je nachdem, ob die erwähnten Wörter unsere Zustimmung finden.

Rezeptur mit Maßangaben

Diese beinhaltet immer die Zutaten samt Mengenangaben, die oft in kleinere Bereiche unterteilt werden. Sie erfahren darin auch, wie die Zutat vorbereitet werden soll. Manchmal werden Sie über die Anzahl der Portionen und über die Zubereitungsdauer informiert. Nicht immer werden die Mengen in genormten Maßeinheiten aufgelistet, sondern oft auch in haushaltsüblicher Form (daumendick, handvoll, usw.) angeführt.

Kochanleitung

In einer exakten Reihenfolge erfahren Sie, wie Sie bei der Zubereitung des Gerichtes vorgehen müssen. Schneidetechnik, Garmethode, Equipment, Temperatur, Würzung usw. Manchmal werden auch Präsentations- und Serviermöglichkeiten angeführt. Oft sind die Kochanleitungen in Schritte oder Absätze untergliedert.

Tipps

Tipps informieren über Eventualitäten und mögliche andere Variationen. Hier stellen Köche klar, warum manche Schritte notwendig sind. Sie erfahren, was bei verschiedenen Abläufen passieren kann, und wie Sie dagegen vorgehen können. Welche Alternative ist bei den Beilagen möglich? Wie erhält man die Farbe eines Produktes? Unter Tipps finden sich auch Vorschläge, woher besondere Produkte bezogen werden können. Weiters Anregungen zum Servieren, zur Resteverwertung sowie passende Weine und Alternativen für nicht vorhandene Produkte.

Rezepte besser beherrschen

Woran kann es liegen, dass ein Gericht nicht wie gewünscht gelingt?
Genau, Sie haben es erkannt - an vielen Faktoren. Einige haben Sie in diesem Buch schon kennengelernt, wie z. B. Verhaltensmuster (Filter), Fähigkeiten oder die vier Faktoren einer Botschaft.

Achten Sie auf die Schreibweise der Köche! Die Rezepte werden von Profis nach bestem Wissen und Gewissen für Sie verfasst. Natürlich kann bei der einen oder anderen Angabe ein Fehler vorkommen. Das ist nur natürlich. Köche sind eben auch nur Menschen. Trotz ihrer Brillanz. Wenn Ihnen nun ein Rezept nicht gelingen will, dann können Sie es entweder verteufeln und den Autor beschuldigen. Oder Sie lernen, Rezepte Ihren individuellen Bedürfnissen anzupassen.

Es ist wie in einer Beziehung. Sind Sie in einer Partnerschaft unglücklich, können Sie einfach aufgeben und einen Schuldigen suchen. Oder Sie finden heraus, welche Veränderungen Sie vornehmen müssen, um wieder den Himmel auf Erden zu haben.

Wir üben wieder.
Wie sieht Ihr ideales Rezept aus? Schaffen Sie sich einen guten Überblick über die Grundstruktur, die Sie in Rezepten suchen und erwarten.
Danach gehen wir einen Schritt weiter. Sie lernen, Rezepte Ihren Bedürfnissen anzupassen.

Ihre persönliche „Rezeptarchitektur"

Welche Anforderungen stellen Sie an ein Rezept?
Kreuzen Sie die Antworten auf der Skala von 0 – 4 an.
0 bedeutet *unwichtig.*
4 bedeutet *absolut notwendig.*

Farbliche Illustration	0	1	2	3	4
Name des Gerichtes	0	1	2	3	4
Angabe der Kochzeit	0	1	2	3	4
Angabe der Portionen	0	1	2	3	4
Rezeptur mit Maßangaben	0	1	2	3	4
Kochanleitung	0	1	2	3	4
Tipps	0	1	2	3	4

Je höher die Bewertung, umso höher ist Ihr Anspruch an die Rezepte in einem Kochbuch.

Achten Sie beim Buchkauf darauf. So vermeiden Sie Fehlkäufe und werden gezielt die richtige Wahl treffen.

Die Änderung von Rezepten

Die Unermüdlichen unter Ihnen haben jetzt die Möglichkeit, beim Umsetzen von Rezepten Profis ihrer eigenen Erfolgsstrategie zu werden.
Zwingen Sie ungeliebte Rezepte in die Knie.

Und so geht's.

1. Schritt: Rezeptgruppe 1 „Glückseligkeit"
Nehmen Sie drei Rezepte, die Sie perfekt umsetzen können.
Wann gelingen Ihnen diese Rezepte am besten?
Wie sind diese Rezepte inhaltlich aufgebaut?
Wie gut sind die Faktoren der vier Botschaften erkennbar?
Was ist für Sie an diesen Rezepten am wichtigsten?

Achten Sie auf die Gemeinsamkeiten dieser drei Rezepte und schreiben Sie diese nieder.

2. Schritt: Rezeptgruppe 2 „Verzweiflung"
Nehmen Sie drei Rezepte, die Ihnen mit Sicherheit misslingen.
Wann gelingen Ihnen diese Rezepte am wenigsten?
Wie sind diese Rezepte inhaltlich aufgebaut?
Welche Faktoren der vier Botschaften sind kaum erkennbar?
Was stört Sie an diesen Rezepten am meisten?

Achten Sie auf die Gemeinsamkeiten dieser drei Rezepte und schreiben Sie diese nieder.

3. Schritt: Der kleine Unterschied
Vergleichen Sie nun Rezeptgruppe „Glückseligkeit" mit Rezeptgruppe „Verzweiflung".
Analysieren Sie, worin sich diese beiden Gruppen unterscheiden.
Achten Sie auf Dinge, auf die Sie zuvor noch nie geachtet haben.
Sie werden Ihre eigenen Vorlieben besser kennenlernen.

Halten Sie die Unterschiede zwischen Gruppe 1 und Gruppe 2 schriftlich fest.

4. Schritt: Bringen Sie Rezeptgruppe „Verzweiflung“ auf Vordermann
Verändern Sie die Rezepte nach Ihren eigenen Vorstellungen. Füllen Sie die Lücken der Rezeptgruppe „Verzweiflung“ mit förderlichen Elementen der Rezeptgruppe „Glückseligkeit“ auf.

Ein Beispiel
Sie brauchen unbedingt farbliche Illustrationen.
Die Lösung: Erhöhen Sie Ihre Vorstellungskraft. Dazu können Sie Bilder aus anderen Rezepten nutzen und gedanklich zusammenfügen.

So beherrschen Sie bald viele Rezepte und schreiben so ganz nebenbei Ihr eigenes Kochbuch. Rezepte sind Anregungen und veränderbar. Sie sind niemals endgültig. Passen Sie diese Ihren Bedürfnissen an.

Es liegt in Ihrer Hand, zu experimentieren
und kleine kulinarische Wunder zu vollbringen.

Alles in allem

*Sobald jemand in einer Sache Meister geworden ist,
sollte er in einer neuen Sache Schüler werden.
(Gerhart Hauptmann)*

1. Königsdisziplinen, die Mehrwert schaffen

Sie verändern Ihre Filter bzw. Verhaltensmuster in eine förderliche Richtung. Als wichtigste Filter haben Sie *Praxis, Fühlen, Interne Referenz* und *Denken* kennengelernt.

2. Der Einsatz förderlicher Fähigkeiten

Sie trainieren alles von Leidenschaft und Freude bis hin zum Durchhaltevermögen.
Von der sozialen Kompetenz bis hin zum Improvisationstheater.

3. Die Tugend von Botschaften

Sie erkennen, was Ihnen beim Kochen wichtig ist. Sie finden Ihre Philosophie.
Perfekte Resultate erfordern perfekte Kommunikation. *Was - Wofür - Wie - Was, wenn.*

4. Die ungewöhnlich gewöhnlichen Zutaten im Kochprozess

Sie lernen laufend mehr über Ideenfindung, Produkte, den Geschmack, die Zubereitung, das Team und die Präsentation.

5. Kochbücher noch besser verstehen

Sie können Rezepte Ihren individuellen Bedürfnissen anpassen. Sie wissen nun, dass jedes Rezept die Handschrift seines *Erfinders* trägt.

Gratulation,
Sie sind auf dem besten Wege, ein ausgezeichneter Koch zu werden.
Auch wenn Sie in Zukunft an Ihre Grenzen stoßen, freuen Sie sich darauf.
Wenn dies passiert, steht Ihrer Weiterentwicklung nichts mehr im Weg.

Unsere Köche sind die besten Vorbilder

Vernünftige Menschen passen sich an die Welt an.
Unvernünftige Menschen passen die Welt an sich an.
Deshalb hängt aller Fortschritt von unvernünftigen Menschen ab.
(George Bernard Shaw)

Gesund kochen, gesund leben! Spitzenköche berücksichtigen alle wichtigen Punkte, die Bioproduzenten und Ernährungswissenschafter predigen.
Oftmals ist uns vieles zu teuer. Doch beste Qualität hat eben ihren Preis.
Respekt und die Wertschätzung gegenüber Produkten sowie konsequentes Einkaufsverhalten sind qualitätsbestimmend.

Hält man sich beim Selberkochen an die exzellenten Fertigkeiten unserer Köche, wird die Küche zur Genussoase. Und besucht man ihre Restaurants, ist es für Körper und Seele ein unvergessliches Erlebnis.

Ein Hoch auf unsere Spitzenköche.
Und ein großes Dankeschön für die genussreiche Welt, an der sie uns teilhaben lassen.

Unsere Spitzenköche

Literatur zum Nachschlagen

Döllerer, Andreas
Das neue Heimat-Kochbuch, Edition A la Carte im D + R Verlag, 2007
Hanner, Heinz
Hanners Gourmet ABC, Ein Kochbuch mit reichlich Wareninfo, D + R Verlag, 2006
Obauer, Karl & Rudolf
Koche lieber leidenschaftlich! Das Kochbuch für Leute mit Geschmack, Knaur, 2008
Obauer, Karl & Rudolf
Hemmungslos kochen, 24 Wahrheiten über die gute Küche, Knaur, 2002
Probost, Thorsten
Vitalkochen mit Kräutern, Burg Vital Hotel, 2008
Walkensteiner, Thomas M.
Koch dich jung!, Einfache Rezepte mit den 15 Anti-Aging-Stars, Brandstätter, 2008
Wagner-Bacher, Lisl
Das Essen zum Wein, D + R Verlag, 2007
Wagner-Bacher, Lisl
Zu Gast in der Wachau, Kulinarische Plaudereien und 150 köstliche Rezepte, Pichler Verlag, 2008

Gourmerie

Endlich ist es soweit.

Im zweiten Teil dieses Buches lernen Sie
fantastische und außergewöhnliche Rezepte
unserer Spitzenköche kennen.

Mag sein, dass Ihnen dabei manches ungewöhnlich und kompliziert vorkommt
oder gewisse Dinge sogar unbekannt sind.

Aber genau diese Faktoren sind es, die den Unterschied ausmachen.

Viel Spaß und Freude bei der Umsetzung und guten Appetit.

Und sie aßen und schmatzten
bei Tische
erhaben, wohltuend zufrieden,
schweigend
erwartend im Gedenken,
was da noch kommen würde.

Foto: Jürgen Benker

Kartoffel-Kürbisterrine mit Hummer und Crème fraîche

Rezept für 6 Personen

300 g kleine Kartoffeln
etwas Salz

150 g Kürbis

100 g Crème fraîche
100 ml flüssige Sahne
2 Eier
1 Eigelb
2 EL Senf, mittelscharf
1 EL Honig
1 Bund Dill, feingehackt
Zucker, Salz

Die Kartoffeln waschen, in einem Topf mit reichlich Salzwasser garkochen. Etwas auskühlen lassen und pellen. Danach die gekochten Kartoffeln in ca. 1-2 cm dicke Scheiben schneiden.

Den Kürbis schälen und in feine Scheiben schneiden.

Crème fraîche, flüssige Sahne, Eier, Eigelb, Senf, Honig, Dill zusammen gut verrühren und mit Zucker und Salz würzen.

Kartoffeln und Kürbisscheiben miteinander vermischen, danach die Eiermasse zugeben. Alles vorsichtig vermengen und falls nötig nochmals mit Salz und Zucker würzen.

Eine Terrinenform mit Klarsichtfolie auslegen, dann mit der Kartoffel-Kürbismasse füllen. Im Wasserbad im vorgeheizten Backofen bei 130° C ca. 90 Minuten garen. Herausnehmen und etwa 3-4 Stunden kühlstellen, aus der Form stürzen und in gleichmäßige Scheiben schneiden.

Dazu serviere ich etwas lauwarmen Hummer und Crème fraîche mit Kaviar.

Richard Brunnauer

Muskatkürbis-Ingwersuppe mit Rehrücken und Gewürzen

Muskatkürbis-Ingwersuppe

800 g Muskatkürbis
Salz
4 EL Butter
100 g gehackte Schalotten
1/2 Knoblauchzehe
100 g Karotten
120 g roter Paprika
50 g Stangensellerie
1 EL geriebener Ingwer
1/2 TL roter Curry
1l Gemüsefond
Pfeffer gemahlen
120 g Sahne
4 EL Kokosmilch
etwas Zucker

Rehrücken

400 g Rehrücken
Salz
Pfeffer
1 EL Gewürze
(Pfefferkörner
Korianderkörner
Wacholderbeeren
Thymian
Pimentkörner)

Muskatkürbis-Ingwersuppe

Muskatkürbis schälen, grob schneiden, etwas salzen und zugedeckt 1 Stunde ziehen lassen. In Butter die geschnittenen Schalotten, roten Paprika, Knoblauch und Stangensellerie andünsten. Ingwer und roten Curry dazugeben. Muskatkürbis und Karotten in einem Topf anrösten, alles vermischen und mit Gemüsefond aufgießen. Eine halbe Stunde leicht kochen lassen, danach mixen und passieren. Sahne mit Kokosmilch und etwas Zucker halbfest aufschlagen und mit der Muskatkürbissuppe mixen. Abschmecken mit Salz und Pfeffer.

Rehrücken

Rehrücken mit Salz und Pfeffer würzen, in Butter und Thymian anbraten. Auf ein Gitter legen und im Backofen ca. 10 Minuten bei 160° C braten. Herausnehmen und 5 Minuten rasten lassen. Gewürze grob reiben und den Rehrücken darin wälzen. Rehrücken in Stücke schneiden und in der Suppe anrichten.

Richard Brunnauer

Geeiste Krokantschaumrolle mit Passionsfruchtsauce und Himbeeren

Krokantschaumrolle

200 g Blätterteig
100 g Kristallzucker
100 g Walnüsse
6 Dotter
80 g Kristallzucker
2 dl Milch
etwas Blütenhonig
1/2 Vanilleschote
2 cl Armanac
3 dl Sahne

Passionsfruchtsauce

6 Stück Passionsfrucht
100 g Staubzucker
2 cl Grandmanier

Krokantschaumrolle

Kristallzucker in einer Pfanne goldbraun karamellisieren, Walnüsse dazugeben und kurz verrühren. Auf ein Backpapier leeren, erkalten lassen und feinreiben.
Dotter mit Blütenhonig und Kristallzucker schaumig schlagen. Milch mit der Vanilleschote kurz aufkochen, mit der Dottermasse vermischen und zur Rose abziehen (85° C), danach kaltrühren, passieren, Armanac und steif geschlagene Sahne unterheben. Die fein geriebenen karamellisierten Walnüsse unterrühren und gefrieren.
Blätterteig 2 mm dick ausrollen, mit geriebenen Walnüssen und etwas Kristallzucker bestreuen und in 2 cm breite Streifen schneiden. Blätterteigstreifen über eine Schaumrollenform wickeln und bei 200° C goldbraun backen.
Auskühlen lassen und mit geeistem Krokantparfait füllen.

Passionsfruchtsauce

Passionsfruchtmark mit Staubzucker vermischen, Grandmanier beigeben und gut verrühren. Mit Himbeeren und Minze garnieren.

Foto: Richard Brunnauer

Geeistes Rührei

Zutaten für 12 Portionen

1 EL Butter
3 Eier
1/4 l Obers
1/32 l Olivenöl,
4 Tropfen Trüffelöl
Salz
Pfeffer

Mit Butter fest gekochtes Rührei bereiten und im warmen Zustand mit Obers, Olivenöl und Trüffelöl cremig mixen (kompakter Palatschinkenteig), abschmecken und noch warm in ausgehöhlte Eier oder Eierbecher abfüllen. Nach 4 Stunden im Kühlschrank mit Forellenkaviar dekorieren und servieren.

Fotos: Didi Dorner

Apfeltarte

Die Tarte

4 Stk. große, säuerliche, feste Äpfel
1 Pkg. TK-Blätterteig (250 g)
Zimt gemahlen
2 EL Butter
4 EL Zucker
Staubzucker

Das Eis

1/8 l Milch
3/8 l Obers
2 Vanilleschoten
80 g Zucker
2 Eier
4 Dotter
1 Prise Salz

Milch und Obers mit den ausgeschabten Vanilleschoten und der Hälfte Zucker aufkochen. Die restlichen Zutaten über Dampf schaumig schlagen und danach die Milch-Obers-Mischung schnell in die geschlagene Dottermischung einrühren, durch ein Haarsieb streichen, in Eiswasser kaltrühren und anschließend in der Eismaschine cremig frieren.
In der Zwischenzeit den Blätterteig ca. 4 mm dick gleichmäßig ausrollen und kreisrund mit ca. 12 cm Durchmesser ausstechen. Am besten eine beschichtete Pfanne mit Butter ausstreichen, mit Kristallzucker dick zuckern und die in Spalten geschnittenen, geschälten Äpfel kreisrund (fächerähnlich) auflegen. Zart mit Zimt bestreuen, den ausgestochenen Blätterteig drauflegen und bei 180° C ca. 25 Minuten ausbacken. Die Pfanne direkt aus dem Ofen auf die heiße Platte stellen, leicht karamellisieren und danach die Tarte aus der Pfanne stürzen. Mit Staubzucker bestreuen und mit Fruchtsaucen und dem Vanilleeis anrichten.

Andreas Döllerer

Gravensteiner Apfel
Blunzn & Langoustine royale

Zutaten für 4 Personen

Äpfel

4 Äpfel (Gravensteiner)
30 g Feinkristallzucker
250 ml Apfelnektar
4 cl weißer Balsamico
1/2 Sternanis
1/4 Zimtstange

Blunznfülle

120 g Blutwurst
1 Schalotte
1 Knoblauchzehe
Majoran
schwarzer Pfeffer
Olivenöl

Langoustinen

4 große Langoustinen
Olivenöl
1 TL kalte Butter
4 Thymianzweige

Foto: Manfred Klimek

Kraut

250 g Spitzkraut
Salz
50 ml Rindsuppe
Kümmel
Pfeffer
Weißweinessig
1 rote Zwiebel geschnitten
2 cl Olivenöl
1 EL fein geschnittener Bauchspeck
2 cl kräftiges Olivenöl

Äpfel

Die Äpfel schälen und entkernen. Daraus Ringe mit ca. 4 cm Durchmesser und 5 cm Höhe ausstechen. Zucker karamellisieren, mit Apfelnektar und Balsamico ablöschen und die Gewürze zugeben. Aufkochen lassen und die Apfelringe damit übergießen. Das Ganze mindestens 1 Stunde durchziehen lassen.

Blunznfülle

Die geschnittene Schalotte in etwas Olivenöl angehen lassen, geschnittene Blutwurst und angedrückte Knoblauchzehe dazugeben. Rösten, bis die Blunzn ganz weich ist. Knoblauch wieder entfernen und mit frischem Majoran und eventuell Salz und Pfeffer abschmecken. Blutwurstmasse in die Apfelringe füllen und im Ofen bei 170° C 10 Minuten backen.

Kraut

Kraut salzen und 1 Stunde ziehen lassen. Zwiebel, Speck und Knoblauch in Olivenöl anschwitzen, mit Essig und Suppe ablöschen und auf das Kraut gießen. Kümmel und Pfeffer zugeben. 1 Stunde ziehen lassen und gegebenenfalls nochmals etwas nachwürzen.

Langoustinen

Bei milder Hitze in Olivenöl anbraten, Butter und Thymian zugeben und etwa 1 Minute fertiggaren. Dabei immer wieder mit der aufschäumenden Butter übergießen. Mit Meersalz würzen und auf den Apfelringen platzieren.
Etwas kräftiges Olivenöl darüberträufeln.

Wassermelone-Lachsforelle mit roten Kräutern

Lachs

500 g Lachsforellenfilet
34 g Zucker
25 g Salz
4 g Koriander ganz
4 g weißer Pfeffer ganz
3 EL Dill

Koriander und weißen Pfeffer in einer Pfanne erhitzen und in einem Mörser klein stoßen. Den Zucker mit dem Salz, Koriander und Pfeffer verrühren. Danach das Fischfilet damit einreiben und mit Dill bestreuen. Die Lachsforelle mit der Beize vaccumieren und zwei Tage marinieren lassen.

Portweinreduktion

1l Portwein
1EL Honig

Den Portwein auf die Hälfte reduzieren und mit dem Honig abrunden.

Wassermelone

1/4 Wassermelone
Portweinreduktion

Die Wassermelone in 8 mm dicke Scheiben schneiden, danach Taler mit 7 cm Durchmesser ausstechen. In ein tiefes Gefäß geben und mit der Portweinreduktion eine Stunde marinieren. Danach auf ein Gitter setzen, damit die Marinade abtropfen kann.

Himbeerstrich

100 g Himbeermark
1/2 Blatt Gelatine

Die Gelatine in kaltem Wasser einweichen und im erwärmten Himbeermark auflösen.
Die Masse kaltstellen, wenn die Gelatine etwas angezogen hat, das Mark kurz aufrühren und in einen Spritzbeutel füllen.

Limetten-Olivenöl Marinade

50 g Limettensaft
100 g Olivenöl
Salz
Cayennepfeffer
1 EL Honig

Alle Zutaten miteinander vermengen.

Portweinsauce

200 g Portweinreduktion
50 g Limetten-Olivenöl Marinade
Salz

Die Marinade unter ständigem Rühren in die Portweinreduktion einemulgieren.

Karottensalat

2 Stk. Karotten
Limetten-Olivenöl Marinade

Die Karotten in 6 cm lange, feine Streifen schneiden und mit Salz und der Marinade abschmecken.

Anrichten

rote Kresse
roter Klee
rotes Basilikum

Die marinierte Melonenscheibe mit dem Karottensalat belegen und den in Streifen geschnittenen Lachs kreisförmig draufsetzen. Mit den roten Kräutern ausgarnieren und mit etwas Marinade beträufeln. Auf dem Tellerrand einen Himbeerstrich ziehen und die Melonenscheibe in die Mitte setzen. Die Portweinsauce in einer Sauciere dazu servieren.

Walter Eselböck

Wachtelkotelett
Gelbes Obst
Gansllleberlöffel und Brot

Wachtel

2 Wachteln
4 Dörrmarillen
Zitronenthymian
Thymian
Salz und Pfeffer

Die Wachteln hohl auslösen und halbieren. Die Dörrmarille der Länge nach einschneiden und mit dem gehackten Zitronenthymian und Thymian füllen. Anschließend die Dörrmarille in die Wachtel einschlagen und mit 2 Holzspießchen fixieren. Mit Salz und Pfeffer würzen.
Die Wachtel auf allen Seiten anbraten und dann 7 Minuten bei 200° C ins Rohr schieben.

Sauce

300 g Hendljus
etwas Butter
5 Schalotten
Pfefferkörner
Thymian
3 Lorbeerblätter
2 Knoblauchzehen
etwas Muskatblüte
250 g roter Portwein
250 g Rotwein
etwas Madeirareduktion
frische Vanille
Süßholz

Die Schalotten und den Knoblauch fein schneiden, Pfefferkörner, Thymian, Lorbeerblätter und Muskatblüte in einem Topf ohne Farbe anbraten. Mit Portwein und Rotwein ablöschen, auf die Hälfte einkochen und mit dem Hendljus aufgießen.
Süßholz dazugeben und 1 Stunde ziehen lassen.
Die Sauce fein passieren, mit frischer Vanille, Madeira und Salz abschmecken.

Süßkartoffelpüree

2 Süßkartoffeln
Tafelöl
Salz
Muskat
Kümmel
50 g Butter

Die Süßkartoffeln waschen und halbieren, auf ein mit Tafelöl befettetes Blech legen. Mit Salz, Muskat und Kümmel würzen und im Ofen bei 160° C ca. 30 Minuten braten. Die fertig gebratenen Süßkartoffeln aus dem Ofen nehmen und mit einem Löffel aus der Schale herauskratzen. Anschließend die Süßkartoffeln in einem Mixer mit der Butter fein pürieren.

Chutney

100 g Dörrmarillen
10 g weißer Balsamico Essig
5 g Weißweinessig
1 TL Honig
20 g Weißwein
1 Msp. Eros Pista
1/4 geschmorte Paprikawürfel

Den Honig in einem Topf aufkochen, die in Würfel geschnittenen Dörrmarillen dazugeben, mit Balsamico und Weißweinessig ablöschen und mit Weißwein aufgießen. Das Chutney etwas einkochen und zum Schluss mit Eros Pista abschmecken. Erst kurz vor dem Anrichten die Paprikawürfel beigeben.

Für den Ganslleberlöffel

Gänseleber

100 g Gänseleber
5 g Sherry
5 g Martini
5 g Cognac
1 g Salz

Die Gänseleber zuputzen und mit Sherry, Martini, Cognac, Salz und Pfeffer 2 Stunden marinieren. Danach die Gänseleber im Thermomixer 2 Minuten auf Stufe 6 mixen. Die Masse in einen Spritzbeutel geben und in eine Kugelsilikonmatte füllen (Ø 1 cm), kalt stellen. Erst kurz vor dem Anrichten aus der Silikonmatte nehmen.

Melonenchutney und Melonenscheiben

4 Scheiben Honigmelone
5 mm dick geschnitten,
rund ausgestochen
1/2 Honigmelone
10 g Himbeeressig
5 g Grenatin
1 Limettenspalte
1 Msp. Tabasco
Salz

Die Honigmelone schälen und entkernen, anschließend in einem Mixer fein pürieren. Das Melonenpüree mit Himbeeressig, Grenatin, Limettensaft, Tabasco und Salz abschmecken.

Brotchip und Mandeln

2 frische Mandeln
2 Scheiben Schwarzbrot

Die Mandeln von der Schale lösen und mit einem Messer halbieren. Für die Schwarzbrotchips das Schwarzbrot einfrieren. Anschließend das Brot auf der Aufschnittmaschine 1,5 mm dick aufschneiden und große Plättchen mit 3 cm Durchmesser ausstechen. Danach auf Aluminiumrollen legen und bei 160° C goldbraun backen.

Reh-Butterschnitzel

Zutaten für 4-6 Personen

400 g Rehfleisch ohne Sehnen
80 g Weißbrot
50 ml Milch
50 g Zwiebel
30 g Champignons
1 kl. Petersilie gehackt
1 Ei
1 Dotter
30 g Butter
50 ml Obers flüssig
Salz, Pfeffer, Wildgewürz, Zitronenschale
12 schwarze Trüffelscheiben

Toastbrot in Milch einweichen und fest ausdrücken.
Die Zwiebel und die Champignons in Butter farblos anschwitzen und kaltstellen.
Alle Zutaten, außer dem flüssigen Obers, durch den Fleischwolf drehen.
Das flüssige Obers unter die Butterschnitzelmasse rühren und kräftig abschmecken.
Die Masse mindestens 30 Minuten kaltstellen.

Laiberl formen und in einer Pfanne beidseitig knusprig braten.

Tipp:
Wir servieren die Reh-Butterschnitzel zur Linsensuppe
oder als Hauptgericht mit Erdäpfel- oder Selleriepüree, Rotkraut oder Gemüse der Saison.

Saiblingsfilet, lauwarm auf Erbsen-Pfefferminzcreme

Zutaten für 4 Personen

4 Stk. Saiblingsfilet je 100 g
ohne Haut u. Gräten

Erbsenmousse

300 g Erbsenpüree von TK-Erbsen
100 g Obers geschlagen
1 Blatt Gelatine
Salz, Pfeffer, Cayenne, Zucker, Pfefferminze

Salat nach Saison
frittiertes Gemüse oder Kartoffeln

Erbsenmousse

Das Erbsenpüree mit Salz, Cayenne, Pfeffer, Zucker und der fein geschnittenen Pfefferminze abschmecken.
Die Blattgelatine in 2 EL Wasser lösen und mit dem Erbsenpüree glatt rühren, das geschlagene Obers unter die Masse heben und gleichmäßig auf die Teller verteilen, kaltstellen.

Saiblingsfilet

Die Saiblingsfilets salzen, auf der Hautseite leicht pfeffern und auf einen mit Olivenöl bestrichenen Teller legen.
Jedes Filet hauchdünn mit Olivenöl bestreichen.
Mit hitzebeständiger Klarsichtfolie abdecken und im Rohr bei 100° C ca. 10 Min. "glasig" werden lassen.
Sofort auf dem Erbsenmousse anrichten.

Mit Salat nach Saison oder frittierten Gemüse- oder Kartoffelstreifen vollenden.

Tipp:
Den Fisch nicht mit Zitronensaft beträufeln, Eiweiß gerinnt!

Gebratenes Filet vom Huchen mit Petersilbutter und Petersiltascherl

Zutaten für 4 Personen

Huchen

1 kleiner Huchen
4 EL Butter
Meersalz aus der Mühle

Sauce

1 Bund Petersilie
1/4 l Fischfond
etwas Olivenöl
Meersalz aus der Mühle
50 g Butter

Foto: Gerhard Fuchs

Petersiltascherln

Nudelteig

500 g griffiges Mehl
1 Ei
16 Dotter
1 EL Olivenöl
1 Prise Salz

Püree

200 g Petersilie
Meersalz
Muskat
40 g Butter
1 Prise Salz

Den ***Huchen*** filetieren und in Portionsgröße schneiden.

Petersilpüree

Die Petersilie in Salzwasser weichkochen, in Eiswasser abschrecken, nicht zu gut ausdrücken und im Tourenmixer pürieren. Die Butter erwärmen und unter das Petersilpüree rühren, mit Meersalz und Muskat würzen.

Petersiltascherl

Aus Mehl, Ei und Dottern einen festen Nudelteig kneten, einige Stunden rasten lassen. Mit der Nudelmaschine dünne Teigbahnen abdrehen und mit dem Petersilpüree Tascherl herstellen. Vor dem Anrichten in Salzwasser kochen und kurz in Butter schwenken.

Den ***Huchen*** mit Meersalz würzen und in Butter langsam auf der Hautseite glasig braten.

Sauce

Den Fischfond aufkochen und mit der Petersilie, Butter und Olivenöl im Mixer pürieren, durch ein feines Sieb passieren und abschmecken.

Den Huchen zusammen mit den Tascherln, der Sauce und etwas erwärmtem Petersilpüree auf vorgewärmten Tellern anrichten, mit etwas Fleur de Sel bestreuen und mit Olivenöl beträufeln.

Waldschnepfe mit Wacholder

Waldschnepfe

4 Waldschnepfen
je 4 Zweige Rosmarin und Thymian
12 Wacholderbeeren
40 g Butter
1 EL gehackte Petersilie
Spritzer Balsamessig
4 Scheiben getoastetes Weiß- oder Toastbrot
Salz, schwarzer Pfeffer a. d. Mühle

Wildfond

1 kg Wildknochen (Schnepfe, Wachtel, Fasan oder Rebhuhn)
200 g Röstgemüse
3 EL Öl
4 cl roter Portwein
125 ml Rotwein
Wildgewürze
(Pfeffer, Thymian,
Lorbeer, Pimentkörner und
Wacholderbeeren)

Schnepfenjus

3 EL Butterschmalz
30 g Sellerie, gewürfelt
30 g Petersilienwurzel, gewürfelt
1 EL Tomatenmark
1/8 l guter Rotwein (Blauburgunder)
1/16 l roter Portwein
1l Wildfond (oder Wasser)
6 Wacholderbeeren
6 schwarze Pfefferkörner
3 Pimentkörner
5 ganze Kardamomkapseln, angedrückt
je 2 Zweige Rosmarin, Thymian
und Petersilie
1 Lorbeerblatt
1 Orange, geviertelt
2 cl Le Gin von Schloss Halbturn
40 g kalte Butterwürfel

Erdäpfelpüree

500 g mehlige Erdäpfel
500 g kalte Butterwürfel
Muskatnuss
Salz

Foto: Manfred Klimek

Waldschnepfe und Wildfond

Die Schnepfen rupfen, Innereien ausnehmen, säubern und beiseitestellen. Die restlichen Federn abflämmen, Schnepfen innen und außen gut waschen und trockentupfen. Die Schnepfen mit je 1 Rosmarin- und 1 Thymianzweig sowie 3 angedrückten Wacholderbeeren füllen. Mit Salz und Pfeffer würzen. In einer Pfanne 20 g Butter erhitzen, Schnepfen darin rundherum anbraten. Dann im vorgeheizten Backrohr bei 180° C ca. 8 Minuten lang rosa braten. Herausnehmen, in Alufolie wickeln und nach ca. 10 Minuten tranchieren. Die Karkassen für den Schnepfenjus beiseitestellen. Das Fleisch nochmals etwas rasten lassen und bei 85° C warm halten.

Für den Wildfond am besten wie bei einer klaren Suppe vorgehen: Knochen mit Röstgemüse in Öl kurz anrösten. Mit Portwein und Rotwein ablöschen und mit 2 l Wasser aufgießen. Wildgewürze zugeben und so lange leicht köcheln lassen, bis die Flüssigkeit auf die Hälfte reduziert ist. Dann durch ein Sieb abseihen.

Schnepfenjus

Für den schnellen Schnepfenjus die Schnepfenkarkassen kleinhacken und in Butterschmalz gut anrösten. Sellerie und Petersilienwurzel zugeben und so lange weiterrösten, bis alles Farbe angenommen hat. Tomatenmark einrühren und kurz durchrösten. Mit Rotwein und Portwein ablöschen und einreduzieren. Mit Wildfond (oder Wasser) aufgießen, Kräuter, Gewürze und die Orange zugeben und ca. 20 Minuten lang schnell durchköcheln. Dann abseihen, mit Le Gin abschmecken und mit kalter Butter montieren.

Die Innereien (Herz und Leber) feinhacken und in 20 g Butter leicht anschwitzen.
Mit Salz, Pfeffer, gehackter Petersilie und einem Spritzer Balsamessig abschmecken, dann auf kleine, getoastete Weißbrotscheiben streichen.

Erdäpfelpüree

Als Beilage empfiehlt sich Erdäpfelpüree, am besten zu gleichen Teilen Erdäpfel und Butter Dafür die gekochten Erdäpfel passieren und über Dampf mit dem Schneebesen die kalte Butter nach und nach einschlagen, bis eine cremige, halbflüssige Konsistenz entsteht. Mit Salz und Muskatnuss abschmecken.

Dieses Rezept gelingt auch sehr gut mit Rebhuhn oder Wildtaube.

WEIN 2003 SYRAH, GAGER, DEUTSCHKREUTZ Brombeerfrucht, Lakritze
und Nougat, reifes, dezentes Tannin mit feinen Röstaromen, langer Abgang

Flüssige Polenta mit Thunfisch und Tomaten-Basilikumschaum

Rezept für 6 Personen

6 dünne Scheiben Thunfisch (2-3 mm)
Salz, Pfeffer, Zitrone, Limettenöl

Flüssige Polenta

1/4 l Hühnerfond
1/8 l Sahne
100 g weiße Polenta
Salz, Muskat

Hühnerfond, Sahne und Gewürze verkochen, mit der Polenta cremig rühren.

Tomaten-Basilikumschaum

4 Stk. große Fleischtomaten
150 ml Fischfond
50 ml Olivenöl
10 Stk. frische Basilikumblätter
1 EL Crème fraîche
Salz, Zucker, Zitrone, 1/2 Knoblauchzehe

Die Tomaten und den Knoblauch in Olivenöl anschwitzen, mit Fond aufgießen und gut verkochen. Mit den Basilikumblättern und der Crème fraîche mixen und passieren. Mit Salz, Zitrone und Zucker würzen.
Den Thunfisch würzen und roh auf die weiße Polenta legen. Mit Tomatenschaum bedecken.

Anrichten und mit Junglauch garnieren.

Komposition von der ungestopften Bio-Gänseleber auf asiatische Art

Gänselebermousse

100 g Gänseleberterrine (von ungestopfter Bio-Gänseleber)
100 ml Sahne (die Hälfte davon geschlagen)
2 Blatt Gelatine
etwas Cognac
etwas Madeira
Salz, Pfeffer

Die Gänseleberterrine mit 50 ml Sahne leicht erwärmen und zum Schmelzen bringen. Mit Salz, Pfeffer, Cognac und etwas Madeira abschmecken, anschließend durch ein feines Sieb passieren.
Die eingeweichte und abgetropfte Gelatine in etwas Cognac schmelzen und vorsichtig nach und nach das Gänselebermousse einrühren. Dann die angeschlagene Sahne vorsichtig unter die erkaltete Gänselebermasse heben und abfüllen.

Schalotten-Ambrik

10 Schalotten
1 Knoblauchzehe
1/2 Chilischote (getrocknet)
50 ml Sojasauce
50 ml Lakritz-Sirup
1 Nelke, zerstoßen
4 Zimtblüten, zerstoßen
1 Kardamomkapsel, zerstoßen
Salz, Pfeffer

Schalotten und Knoblauch in feine Würfel schneiden.
Anschließend bei max. 160° C goldbraun frittieren und auf Küchenpapier gut abtropfen lassen.
Die Chilischote hacken und mit den zerstoßenen Gewürzen mischen.
Die Schalotten mit der Sojasauce und dem Sirup vermischen, dann mit der Chili–Gewürzmischung nach Belieben abschmecken.

Kokos-Kafirlimonen-Mousse

300 ml Kokosmilch
4 Stängel Zitronengras
1/2 kleine Ingwerknolle
20 Kafir-Limonenblätter
1/2 Chilischote
3 Blatt Gelatine
Salz, Pfeffer

Kokosmilch mit den Aromaten aufkochen und auf die Hälfte einreduzieren. Abkühlen lassen und durch ein Sieb passieren.
Gelatine in kaltem Wasser einweichen, danach ausdrücken und im noch lauwarmen Kokossud auflösen. Nochmals passieren und nach belieben abschmecken.

Geleemantel

50 ml Geflügelfond
1/2 Blatt Gelatine
1 Msp feine Würfel kandierter Ingwer
2 Msp Kafir-Limonenblätter fein geschnitten
3 Msp Paprikaschale fein geschnitten

Gelatine in kaltem Wasser einweichen. Geflügelfond einmal kurz aufkochen, die Gelatine ausdrücken und die restlichen Zutaten beigeben (nicht mehr kochen, da sonst die Gelatine nicht bindet). Jetzt das Gänselebermousse damit abglänzen.

Foto: Helge Bauer

Kohlrabiblätter mit Karfiolcreme und Nüssen

Zutaten für 6 Personen *Zubereitungsdauer ca. ¾ Stunde*

200 g Karfiol
Milch
Schlagobers
Muskatnuss
Galant (vom frischen Galant ein Stück von 1 cm Länge oder 2 Tabletten)
(erhältlich in Apotheken)
2 EL Erdnuss-, Walnuss- oder Sesamöl
evtl. Kartoffelflocken
Salz
2 Kohlrabi
3 EL Nüsse
Curry
evtl. Holler- oder Johannisbeerlikör
(Cassis), Berberitzen und / oder Heidelberren

Karfiol in Röschen teilen oder kleinschneiden und in Milch und Obers zu gleichen Teilen aufsetzen; so viel Milch und Obers zugießen, dass der Karfiol gerade bedeckt ist. Salz, geriebene Muskatnuss und Galant zugeben und den Karfiol weichkochen.

Einen guten Teil der Flüssigkeit abgießen. Einen kleinen Schuss Öl zugießen. Karfiol pürieren, so viel von der Milch-Obers-Mischung wieder einarbeiten, dass sich ein sämiges Püree ergibt (sollte die Masse zu weich werden, Kartoffelflocken einmixen). Mit Salz und / oder Galant abschmecken. Creme auskühlen lassen.

Kohlrabi schälen und mit einem Gemüsehobel in hauchdünne Blätter schneiden.
Auf jeden Teller vier bis sechs große Blätter legen (besonders attraktiv wird dieses Gericht, wenn man es auf länglichen Tellern anrichtet). Karfiolcreme löffelweise auf die Kohlrabiblätter häufeln, Kohlrabiblätter über die Creme schlagen.

Nüsse in einer beschichteten Pfanne mit einem Schuss Wasser und einer Prise Salz unter ständigem Wenden erhitzen, bis das Wasser verdampft ist und die Nüsse leicht rösten. Mit einer guten Prise Curry bestreuen, Nüsse nochmals in der Pfanne schwenken und auf die Teller geben. Eventuell mit ein paar Spritzern Hollerlikör, Cassis, Berberitzen und / oder mit pürierten Heidelbeeren dekorieren.

Foto: Herbert Lehmann

Karl & Rudolf Obauer

Salzburger Nockerln „tropicals"

Zutaten für 6 Portionen

Zubereitungsdauer ca. 1/2 Std.

30 Lychees
4 EL Ingwersirup
Rosenwasser
7 Eiklar
7 EL Kristallzucker
1 Vanilleschote
4 Eidotter
2 gestr. EL griffiges Mehl
1 EL Kokosraspel
1 Limette (mit unbehandelter Schale)
Staubzucker
Salz

Lychees schälen, entkernen, mit Ingwersirup und ein wenig Rosenwasser marinieren und auf sechs Kompottschüsselchen verteilen.

Eiklar mit Kristallzucker, dem ausgeschabten Mark der Vanilleschote und einer Prise Salz halb steifschlagen. Eidotter mit Mehl, Kokosraspeln und geriebener Limettenschale mit einem Schneebesen flott in den Eischnee rühren.

Eierschaum auf die Lychees verteilen, mit Kokosraspeln bestreuen und im Backofen bei 200° C backen (dauert ca. 8 Minuten). Mit Staubzucker bestreut servieren.

Foto: Herbert Lehmann

Gebratenes Kalbsbries im Erdäpfelpüree mit Knoblauchpilzen

Zutaten für 4 Personen

Bries

300 g Kalbsbries
120 g Knoblauchpilze (Shii Take)
30 g Butter
4 Zw Calitera Oregano

Kalbsjus

3 Stk. Schalotten
3 Stk. Champignons
20 g Butter
3 Basilikumstängel
1 Zehe Knoblauch
5 Stk. Pfefferkörner
2 Stk. Würfelzucker
4 cl Sherryessig
0,2 l Weißwein
0,1 l Noilly Prat
2 l Kalbsfond

Erdäpfelpüree

4 große, mehlig kochende Erdäpfel
0,1 l Milch
0,2 l Sahne
30 g Butter
Salz

Vorbereitung des Bries

Das Kalbsbries in kaltem Wasser wässern, um es von Blut und eventuellen Knochensplittern zu befreien. Mit einem scharfen Messer die dünne Haut abziehen und nochmals ins kalte Wasser legen. Die dünnen Hautfetzen, die sich jetzt lösen, mit den Fingern abziehen und das Bries auf einem Tuch trockenlegen.

Kalbsjus

Die klein geschnittenen Gemüse und die Gewürze in Butter leicht anbraten, den Würfelzucker zugeben und karamellisieren. Den Ansatz mit dem Alkohol ablöschen und um die Hälfte einreduzieren, den Kalbsfond auffüllen und bis zur gewünschten Bindung einkochen lassen. Den Jus durch ein feines Sieb passieren und mit etwas kalter Butter montieren.

Erdäpfelpüree

Die Erdäpfel schälen, in kaltes, gesalzenes Wasser geben und auf den Herd stellen.Die Erdäpfel im Wasser zum Kochen bringen und zugedeckt weichkochen. Wenn sie weichgekocht sind, auf ein Sieb schütten und durch die Erdäpfelpresse drücken. Die Sahne, die Milch und die Butter zusammen aufkochen und über die passierten Erdäpfel geben. Würzen und zügig, aber gut durchrühren.
Das abgekühlte Püree durch ein feines Sieb streichen, damit eventuelle Erdäpfelstückchen fein passiert werden. Das Verhältnis von Sahne, Milch und Butter lässt sich nicht so genau festlegen, da die Erdäpfel je nach Jahreszeit beim Stärkeanteil variieren.

Bries

Das Bries in einer beschichteten Pfanne in Butter knusprig anbraten und dann die Knoblauchpilze zugeben. Mit Salz und Pfeffer würzen und den Oregano einlegen.

Das Erdäpfelpüree auf Tellern anrichten, das Bries zusammen mit den Pilzen darin platzieren und mit etwas Kalbsjus überziehen.

Foto: Burg Vital Hotel

Gegrillte Taube mit eingemachten Bohnen

Zutaten für 4 Personen

Taube

8	Taubenbrüste
30 g	Butter
100 g	eingemachte Salzbohnen
1 Bd.	Bohnenkraut
0,1 l	Olivenölmarinade

Eingemachte Salzbohnen

100 g	Keniabohnen
100 g	breite Bohnen
1 l	Wasser
110 g	Meersalz
1 Bd.	Bohnenkraut

Salzbohnen

Die breiten Bohnen in 3 cm große Stücke schneiden und zusammen mit den Keniabohnen im gesalzenen Wasser weichkochen und im Eiswasser abschrecken. Die Bohnen mit Bohnenkraut in Gläser geben und mit Salzwasser auffüllen und sterilisieren. Dazu die Gläser in einem Topf auf ein Tuch stellen und drei Finger hoch Wasser einfüllen. Nun bei geschlossenem Deckel eine halbe Stunde kochen lassen. Die Bohnen im Kühlschrank abkühlen lassen und dann in die Vorratskammer stellen.
Die Bohnen aus den Gläsern nehmen und gut abwaschen, mit 3 EL Olivenölmarinade marinieren und abschmecken.

Taubenbrüste

Die Taubenbrüste auf der Haut in einer kleinen Pfanne in schäumender Butter anbraten, in der Pfanne in den Ofen stellen und ca. 4 Minuten garen. Die Taubenbrüste aus der Pfanne nehmen und auf einem Teller am Herdrand warmstellen. Die Taube zusammen mit den Bohnen auf Tellern anrichten und mit Olivenölmarinade beträufeln.

Tipp:
Mit den Bohnen zusammen können noch Zwiebelstreifen und Paprika in die Gläser gegeben werden. Diese verwende ich dann im Winter als Basis für Gemüsesalate.

Foto: Burg Vital Hotel

Leberparfait vom Bauernhendl mit Rotweinzwiebeln und Bauchspeck

Leberparfait

500 g Hühnerleber
1/8 l Madeira
Pfefferkörner
1 Lorbeerblatt
50 g Crème fraîche
3 Blatt Gelatine
Salz, Pfeffer
200 g Bauchspeck (Hamburger)
etwas Mehl
Öl zum Anbraten

Rotweinzwiebeln

1/4 kg Zucker
1/2 l Rotwein
1/4 kg Charlottenzwiebel
20 g Maizena

Leberparfait

Hühnerleber mit Pfefferkörnern, Lorbeer und Madeira über Nacht marinieren. Die Leber aus der Marinade nehmen, mehlieren und in Öl anbraten, erkalten lassen, faschieren und mit Crème fraîche durch ein Haarsieb streichen. Die Farce mit Salz und Pfeffer abschmecken. Gelatine in kaltem Wasser einweichen, ausdrücken und in warmer Rindsuppe auflösen. Die flüssige Gelatine erkalten lassen und unter die Masse mischen. Das Leberparfait für ca. 5 Stunden kaltstellen.

Vor dem Anrichten unter Zuhilfenahme eines Löffels Nockerln aus der Masse ausstechen und mit den erkalteten Rotweinzwiebeln und gebratenem Speck servieren.

Rotweinzwiebel

Zucker karamellisieren und mit Rotwein aufgießen, geschälte Zwiebeln dazugeben und ca. 5 Minuten kochen. Anschließend ca. 6 Stunden ziehen lassen. Die Zwiebeln herausnehmen, die Flüssigkeit auf die Hälfte einreduzieren und mit Maizena eindicken, dann die Zwiebeln wieder zurückgeben.

Tipp:
Das Leberparfait mindestens eine Stunde vor dem Anrichten aus dem Kühlschrank nehmen. Fleischpasteten sollten beim Essen niemals zu kalt sein.

Foto: Karl Pürer

Terrine vom Schafskäse im Spinatmantel auf Salat und Gemüse-Vinaigrette

Terrine

200 g Schafskäse
200 g Topfen
125 g Crème fraîche
1/2 Stk. Salatgurke
3 Blatt Gelatine
1/8 l Schlagobers
1 Knoblauchzehe
Salz
Pfeffer
300 g Blattspinat blanchiert

Gemüse-Vinaigrette

1/2 Zucchini
1/2 Paprika rot
1/2 Karotte
1/2 Paprika gelb
125 ml Gemüsefond
4 EL Weißweinessig
4 EL Maiskeimöl
etwas gehackte Petersilie
Salz, Pfeffer
Zucker

Terrine

Schafskäse, Topfen, Crème fraîche und gehackten Knoblauch mit dem Handmixer gut verrühren und die würfelig geschnittene Gurke dazugeben. Gelatine in kaltem Wasser einweichen, ausdrücken und in warmer Rindsuppe auflösen. Flüssige Gelatine erkalten lassen und in die Masse einrühren. Zum Schluss das geschlagene Obers unterheben und mit Salz und Pfeffer abschmecken.

Eine Form mit Plastikfolie und blanchiertem Blattspinat auskleiden und mit der Schafskäsemasse auffüllen, für min. 6 Stunden kaltstellen.

Gemüse-Vinaigrette

Zucchini, Paprika und Karotte fein würfelig schneiden, kurz mit Wasser überkochen, abseihen und mit den übrigen Zutaten verrühren und nach Belieben würzen.

Salat nach Saison, Terrine und Gemüse-Vinaigrette anrichten und gut schmecken lassen!

Erich Pucher
Foto: Karl Pürer

Heinz Reitbauer

Kalbshirn mit Spinat, Petersilie & Trüffel

Zutaten für 4 Portionen

400 g geputztes und gewässertes Kalbshirn
Öl zum Braten
50 g Weißbrotbrösel
Salz, Pfeffer

1 kg Kalbsknochen/Kalbfleischabschnitte
80 ml Pflanzenöl
250 g Wurzelgemüse, geschält und geschnitten
2 Stk. Zwiebel, geschält und geschnitten
1/2 EL Tomatenmark
0,5 l Rotwein
0,5 l Portwein
Salbei, Thymian, Pfefferkörner, Lorbeer
Korianderkörner

200 ml Trüffeljus
80 ml Madeira
50 g Trüffelwürfel
Salz, Pfeffer
ca. 3 EL Butter

250 g Blattspinat
80 g Béchamel
Salz, Muskat, Pfeffer
4 kleine Auflaufformen
1 EL flüssige Butter
4 Stk. Eidotter

200 g Petersilienwurzel
20 g Butter
1 Zweig Thymian
Salz
50 g Périgord-Trüffel

Foto: Herbert Lehmann

Für die Sauce die feingehackten Kalbsknochen in Pflanzenöl dunkelbraun rösten. Die Knochen herausnehmen und das Wurzelgemüse mit den Zwiebeln ebenfalls gut rösten. Das Tomatenmark zugeben und kurz mitrösten. Mit Rotwein und Portwein ablöschen.
Knochen zufügen, mit kaltem Wasser bedecken und ca. 2 Stunden sanft kochen lassen. In dieser Zeit den aufsteigenden Schaum und das aufsteigende Fett immer wieder abschöpfen. Gewürze zugeben und für weitere 2 Stunden leicht ziehen lassen. Den Fond abseihen und auf ca. 1/3 einkochen lassen.

Den Trüffeljus mit dem Madeira ebenfalls auf 1/3 reduzieren und mit den geschnittenen Trüffelwürfeln zum Kalbsjus addieren und mit Salz und Pfeffer abschmecken.
Mit kalter Butter aufmontieren, bis die gewünschte Konsistenz erreicht ist.

Die Petersilienwurzeln schälen und in dünne, lange Streifen schneiden. Mit Butter, Salz, Thymian und etwas Wasser zugedeckt bei geringer Hitze weichschmoren.

Den Blattspinat putzen, waschen und blanchieren. Ca. 30 große Blätter auf einer Küchenrolle sorgfältig abtrocknen.
Den restlichen Spinat gut ausdrücken und mit der überkühlten Béchamel fein pürieren. Mit Salz, Pfeffer und Muskatnuss abschmecken.

Das Kalbshirn in Wasser für 10 Minuten ziehen lassen.

Die Auflaufformen mit der Butter auspinseln und mit den Spinatblättern über den Rand hinaus auslegen. In jede Form zuerst 2 EL Cremespinat, anschließend dann je einen unverletzten Dotter geben und diesen wiederum mit Cremespinat abdecken.
Mit den überstehenden Spinatblättern verschließen.
Im Dampf 6 Minuten garen.

Das Kalbshirn in nussgroße Stücke teilen, salzen und pfeffern und in den feinen Weißbrotbröseln wälzen. In einer Öl-Butter-Mischung gleichmäßig goldgelb braten.

Die Spinateier vorsichtig auf die Teller stürzen und mit den geschmorten Petersilienwurzeln, dem Kalbshirn und der Trüffelsauce anrichten.
Mit gehobeltem Trüffel garnieren.

Warmer Tag & Nacht Pudding

Zutaten für 4 Portionen

250 ml Vollmilch
250 ml Obers
110 g Feinkristall-Zucker
2 Eier
2 Dotter
2 Stk. Bourbon Vanille-
schoten

100 g Butter
100 g Mehl
250 ml Milch
6 Dotter
4 Eiklar
2 EL Zucker
2 EL Maizena
3 EL Nutella
Prise Salz

Butter für Wasserbadformen
Zucker zum Ausstreuen

100 g Himbeeren
etwas Läuterzucker 1:1

einige Himbeeren für die Garnitur
Minze, Melisse, Waldklee für die Garnitur

Foto: BHc

Die Milch und das Obers mit der Hälfte des Zuckers erhitzen und das Vanillemark beigeben. Dotter und Eier mit dem übrigen Zucker leicht anschlagen. Die heiße Vanillemilch langsam einrühren. Die Eismasse nun unter ständigem Rühren zur Rose abziehen (d.h. bei 85° C / Kochlöffelprobe). Idealerweise im Eiswasser abkühlen und in der Eismaschine frieren.

Zimmerwarme Butter mit Mehl zu einem Teig kneten. Die Milch mit dem Butter-Mehl-Teig in einen Topf geben und zu Brei kochen. Etwas überkühlen lassen und nach und nach die Dotter einrühren. Leicht salzen.

Die Grundmasse leicht überkühlen und auf 2 Schüsseln aufteilen. In eine Masse das Nutella untermischen. 4 Stk. Wasserbadformen incl. Deckel ausbuttern und mit Zucker ausstreuen.

Das Eiklar mit Zucker und Maizena zu Schnee schlagen und unter beide Massen vorsichtig unterheben. Abwechselnd in die Wasserbadformen füllen (2/3 hoch) und mit dem Deckel verschließen. In einem Wasserbad (Topf mit Deckel) oder im Dämpfer ca. 18 bis 20 Minuten garen.

Die Himbeeren mixen, mit Läuterzucker abschmecken und passieren.

Die Himbeersauce mit den Himbeeren am Teller anrichten und mit den Kräutern garnieren. Den Pudding aus dem Dampf nehmen, vorsichtig den Deckel öffnen und herausstürzen. Mit Vanilleeis servieren.

Info:
Dieser traumhafte Pudding ist ein altes Familienrezept, welches von meiner Großmutter an mich weitergegeben wurde.

Kohlrabi - Morchel - Lasagne

Zutaten für 4 Personen

Kohlrabi

4 zarte Kohlrabi
2 Scheiben gekochter Schinken
150 g Morcheln
4 EL Butter
100 g Blattspinat
etwas Rindsuppe
Muskat
Salz, Pfeffer
8 EL Béchamel
4 Scheiben Bergkäse

Béchamel

20 g Butter
20 g Mehl
3/8 l Milch
Salz, Muskat

Béchamelsauce

Für die Béchamelsauce Butter und Mehl kurz sehr hell anschwitzen, mit kalter Milch aufgießen, würzen und unter öfterem Rühren ca. 1/2 Stunde schwach köcheln lassen.

Kohlrabi

Kohlrabi schälen und in 5 mm dicke Scheiben schneiden. In Salzwasser weichkochen. Schinkenstreifen in heißem Fett kurz anbraten. Morcheln gründlich abspülen und mit einer Salatschleuder trockenschleudern. Die Stiele entfernen und die größeren Morcheln halbieren. In Butter anschwenken, würzen. Spinat putzen und in Salzwasser blanchieren, abtropfen lassen und in etwas Rindsuppe und brauner Butter schwenken.

Kohlrabischeiben, Spinat, Morcheln und Béchamel abwechselnd wieder zu einem ganzen Kohlrabi aufschichten. Mit Béchamel und einer Scheibe Käse abschließen. Im Rohr bei 180° C etwa 7 Minuten backen. Mit gebratenem Schinken bestreuen und servieren.

Lisl Wagner-Bacher
Foto: Hernfeld

Lisl Wagner-Bacher

Medaillons vom Reh mit Sellerievariationen

Zutaten für 4 Personen

Rehmedaillons

600 g ausgelöstes
Rehrückenfilet
Thymian
gestoßener Wacholder
Salz, Pfeffer
Butterschmalz
(oder Öl mit
Buttergeschmack)

Sauce

100 g Rehabschnitte
50 g Karotten-
und Selleriewürfel
1 Schalotte
Thymian
5 Wacholderbeeren
2 Pimentkörner
1/8 l Rotwein
1/16 l Madeira
1/2 l Kalbs- oder Wildfond
1 EL Preiselbeeren
100 g Butter

Pinienschalotten

12 Schalotten
etwas Butter
Salz, Pfeffer
etwas Zucker
Mineralwasser
30 g Pinienkerne

Sellerievariationen

1/2 Sellerieknolle (ca. 600 g)
1 Schuss Milch
1/2 EL Crème fraîche
1/2 EL Mascarino
1 Eiklar
Mehl, Ei und
Weißbrotbrösel
zum Panieren
8 Reisteigblätter (8 x 8 cm)
etwas Muskat
Salz, Pfeffer

Anrichten

200 g Stangensellerie
geröstete Pinienkerne

Lisl Wagner-Bacher

Foto: Hernfeld

Rehmedaillons

Rehrücken würzen und in heißem Fett anbraten, anschließend im auf 200° C vorgeheizten Rohr 6–8 Minuten braten, dabei einmal wenden. Aus der Pfanne nehmen und 5 Minuten an einer warmen Stelle rasten lassen.

Sauce

Für die Sauce die Rehabschnitte in der heißen Pfanne mit den Karotten- und Selleriewürfeln, der klein geschnittenen Schalotte und den Kräutern kurz rösten. Mit Rotwein und Madeira ablöschen, reduzieren, anschließend mit Kalbs- oder Wildfond aufgießen und auf die Hälfte einkochen. Preiselbeeren beigeben, durchrühren, abseihen und mit eiskalter Butter montieren.

Pinienschalotten

Die Schalotten schälen und in zerlassener Butter ganz leicht sautieren. Mit Salz und Pfeffer würzen, mit etwas Zucker karamellisieren. Anschließend mit etwas Mineralwasser ablöschen. Schalotten im Rohr bei 180° C zugedeckt weichdünsten – dabei ab und zu durchschwenken, da sie nur zartbraun werden sollten. Falls nötig noch einmal Mineralwasser zugeben. Pinienkerne rösten und zum Schluss mit 1 EL Rehsauce zu den Schalotten geben, nochmals durchschwenken.

Sellerievariationen

Die Sellerieknolle schälen und 8 dünne Scheiben abschneiden. Diese weichkochen, rund ausstechen und trockentupfen. Die übrige Knolle in etwas Salzwasser mit Milch in einem Druckkochtopf sehr schnell weichkochen, abseihen und in einem Tuch auspressen. Mit Mascarino und Crème fraîche, Muskat, Salz und Pfeffer cuttern und anschließend durch ein Sieb passieren. Dieses Püree auf die Scheiben setzen, die Enden mit etwas Eiklar bestreichen und zusammenfalten. Die Tascherl mit Mehl, Ei und Weißbrotbröseln panieren. Das übrige Püree auf die Reisteigblätter setzen und diese zusammenklappen. Beide Varianten in heißem Fett schwimmend herausbacken.

Anrichten

Rehfilet in regelmäßige Stücke schneiden. Stangensellerie schälen, in kleine Stücke schneiden, kochen und in Butter schwenken. Mit den verschiedenen Sellerietascherln und den Schalotten anrichten. Mit gerösteten Pinienkernen bestreuen und mit etwas Rehsauce servieren.

Marillentörtchen auf Vanillesauce und Marillenmark

Zutaten für 4 Personen

Marillentörtchen

400 g Marillen
4 Mürbteigschüsserl
Marillenlikör

Grundrezept Mürbteig mit Zucker

400 g Mehl (Meister)
200 g Butter
130 g Puderzucker
1 Msp. Salz
1 Eigelb
2 EL Milch

Gratinmasse

40 g Butter
20 g Staubzucker
2 Eidotter
125 g Topfen
2 Eiklar
30 g Kristallzucker
Vanille, Zitrone
Salz

Grundrezept für 3/4 l Vanillesauce

1/4 l Milch
1/4 l Obers
1 Vanilleschote
80-100 g Zucker
8 Eidotter

Grundrezept Mürbteig mit Zucker
Mehl auf die Arbeitsfläche sieben, in die Mitte eine Mulde drücken und dahinein weiche Butter, Zucker, Gewürze und Ei geben und mit der Hand verarbeiten. Dann das Mehl schnell unterwirken und zum Schluss die Milch beifügen. Je nach gewünschter Festigkeit des Teiges kann man etwas weniger oder mehr verwenden. Den Teig möglichst wenig bearbeiten, denn er wird leicht bröckelig. Bei 180° C backen. Die Zeit richtet sich je nach Größe und Stärke des Gebäcks.

Die Menge ist für mehr als 4 Schüsserln, lässt sich aber gut aufbewahren und anderwärtig verwenden.

Grundrezept für 3/4 l Vanillesauce
Die Milch mit dem Obers und dem Mark der Vanilleschote aufkochen. Zucker mit den Eidottern schaumig schlagen. Die Dottermasse in die heiße Vanillemilch einrühren.
Über Wasserdampf so lange schlagen, bis die Sauce cremig wird. Anschließend durch ein Sieb passieren und kaltstellen.

Marillentörtchen
Mürbteig 4 mm dick ausrollen. Über gebutterte Tarletteformen legen, hineindrücken und ein paar Mal anstechen. Eine Stunde im Kühlschrank rasten lassen. Anschließend im Rohr bei 180° C goldbraun backen. Für das Marillenmark 100 g Marillen entkernen, mit Zucker und ganz wenig Wasser kurz aufkochen, passieren und kaltstellen. Die übrigen Marillen entkernen und in Spalten schneiden. Mit Marillenlikör und etwas Marillenmark marinieren und in die vorgebackenen Mürbteigschüsserl füllen.

Gratinmasse
Für die Gratinmasse Butter und Staubzucker schaumigrühren. Nach und nach die Eidotter unter ständigem Rühren zufügen, dann den Topfen dazugeben. Eiklar mit Kristallzucker aufschlagen und unter die Masse rühren. Mit Salz, Vanille und Zitrone abschmecken. Anschließend auf die gefüllten Mürbteigschüsserl geben und im Rohr bei 175° C 12-15 Minuten backen.

Mit der Vanillesauce auf den Tellern einen Spiegel setzen. Die Törtchen in der Mitte anrichten und mit dem übrigen Marillenmark umgießen. Mit einem kleinen Holzstäbchen ein Schlingmuster ziehen.

Mein Tipp zum Verfeinern:
Als Garnitur passen auch sehr gut geröstete Mandelsplitter und Vanilleeis, eventuell mit Mandellikör verfeinert.

Foto: Hernfeld

Thomas M. Walkensteiner

Carpaccio vom Thunfisch Koriander-Vinaigrette Kaffir-Limette-Cremeeis

Rezept für 4 Personen

4 dünn plattierte 2-3 mm
dicke Scheiben
vom Gelbflossen-Thunfisch
(Ø ca.16-17 cm)
Sesamöl zum Bestreichen
des Carpaccio
Maldon Sea Salt
Daikonkresse als Garnitur

Koriander-Vinaigrette

8 cl Geflügelfond
8 cl Sojasauce hell
5 Spritzer Fischsauce
3 EL Ahornsirup
1 EL Reisessig
1/2 EL brauner Zucker
1 Limette - Saft und Zesten
Kaveri Pfeffer aus der Mühle
Koriander aus der Mühle
1/2 Msp. Piment d`Espelette
2 EL Ingwer - Brunoise
5 Stangen Zitronengras - Julienne
5 Kaffirblätter

Pfeilwurzmehl
8 cl Sesamöl
2 EL fein geschnittenes
Koriandergrün

Geflügelfond, Sojasauce, Fischsauce, Ahornsirup, Reisessig, braunen Zucker, Saft und Zesten einer Limette, Piment d`Espelette, Kaveri Pfeffer und Koriander aus der Mühle auf kleiner Flamme gut vermengen und erwärmen, die restlichen Zutaten wie Ingwer, Zitronengras und Kaffirblätter beigeben und kurz aufkochen lassen. Den Ansatz vom Feuer nehmen und zugedeckt für ca. 5 Stunden ziehen lassen.
Anschließend durch ein feines Nylonsieb gießen, ein weiteres Mal zum Kochen bringen und mit etwas in Wasser angerührtem Pfeilwurzmehl leicht binden. Im Anschluss daran das Sesamöl langsam in die noch warme Flüssigkeit einrühren und abkühlen lassen. Kurz vor dem Anrichten die Vinaigrette mit dem frisch gehackten Koriandergrün verfeinern und vollenden.

Thomas M. Walkensteiner
Foto: Werner Krug

Schokoladencreme

105 g edelbitter Couverture
130 g Sahne

Couverture und Sahne gemeinsam aufkochen, glatt rühren und für einige Stunden kaltstellen. Zur Weiterverarbeitung in einen Spritzsack füllen.

Himbeergelee

120 g Himbeerklarsaft
2 Blatt Gelatine

Kurz vor dem Servieren das Törtchen aus Zitronensable, Schokoladencreme, Himbeergelee sowie der Cubio–Tonkabohnencreme schichtweise zusammenbauen. Dabei die letzten zwei Cubio–Tonkabohnencreme-Schichten mit etwas Zucker bestreuen und mit einem Bunsenbrenner abflammen und somit karamellisieren.

Zum Anrichten
frische Himbeeren, Lavendel, Himbeersauce und Balsamico.

Himbeer-Chicoree-Sorbet

220 g Chicoree
210 ml Ginger Ale
105 g frische Himbeeren
210 g Himbeersauce
2 cl Himbeergeist
1 Blatt Gelatine
50 g Glucose
1 TL Blaumohnöl

Gut die Hälfte des Chicorees in feine Streifen schneiden, mit Blaumohnöl und den frischen Himbeeren in einer beschichteten Pfanne anschwitzen und zwar solange, bis die Masse eine leichte Farbe erhält.
Mit Ginger Ale und Himbeergeist ablöschen, vom Feuer nehmen, das zuvor in kaltem Wasser eingeweichte und aufgelöste Gelatineblatt dazugeben und mit den restlichen Zutaten im Mixbecher pürieren. Die fertige Masse durch ein feines Passiersieb streichen und im Pacojetbecher für mindestens 12 Stunden tiefkühlen. 1 Stunde vor dem Anrichten das Sorbet pacossieren und wieder tiefkühlen.

Gerhard Fuchs
Walter Eselböck
Heinz Reitbauer
Kocherie
Silvio Nickol
Andreas Döllerer
Thomas M. Walkensteiner
Didi Dorner
Klaus Fleischhaker

Richard Brunnauer

Jürgen Benker

Erich Pucher

Thorsten Probost

Lisl Wagner-Bacher

Heinz Hanner

Andreas Kaiblinger

Karl Obauer

Rudolf Obauer

Name	Restaurant
Jürgen Benker	Tannheimer Stube www.hohenfels.at
Richard Brunnauer	Riedenburg www.riedenburg.at
Didi Dorner	Landhaus Stainach www.cuisine-intuitive.at
Andreas Döllerer	Döllerer www.doellerer.at
Walter Eselböck	Taubenkobel www.taubenkobel.at
Klaus Fleischhaker	Pfefferschiff www.pfefferschiff.at
Gerhard Fuchs	Kreuzwirt www.gasthaus-kreuzwirt.at
Heinz Hanner	Hanner www.hanner.cc
Andreas Kaiblinger	Esszimmer www.esszimmer.com
Silvio Nickol	Schlossstern www.schlossveldencapella.at
Karl und Rudolf Obauer	Obauer www.obauer.com
Thorsten Probost	Griggeler Stuba www.burgvitalhotel.at
Erich Pucher	Lercher's Panorama www.lercher.com
Heinz Reitbauer	Steirereck im Stadtpark www.sterirereck.at
Lisl Wagner-Bacher	Landhaus Bacher www.landhaus-bacher.at
Thomas M. Walkensteiner	Hotel Schloss Fuschl www.schlossfuschl.at

Portrait Fotos	Rechte
Benker	Jürgen Benker
Brunnauer	Richard Brunnauer
Dorner	Oliver Wolf
Döllerer	Manfred Klimek
Eselböck	Walter Eselböck
Fleischhaker	ART Petr Blaha
Fuchs	Gerhard Fuchs
Hanner	Wilke Wien
Kaiblinger	Andreas Kaiblinger
Nickol	Helge Bauer
Obauer	Herbert Lehmann
Probost	Burg Vital Hotel
Pucher	Tom Lamm ikarus.cc
Reitbauer	Heinz Reitbauer
Wagner-Bacher	Hernfeld
Walkensteiner	Werner Krug